Christiane Sattler
Peter Ilgenfritz

ÜBUNGEN
ZUR FRANZÖSISCHEN
GRAMMATIK

Max Hueber Verlag

10. 9. 8.   Die letzten Ziffern
1995 94 93 92 91   bezeichnen Zahl und Jahr des Druckes.
Alle Drucke dieser Auflage können, da unverändert,
nebeneinander benutzt werden.
5. Auflage 1976
© 1967 Max Hueber Verlag, D-8045 Ismaning
Umschlaggestaltung: Peter Schiffelholz, Stuttgart
Druck: Ludwig Auer GmbH, Donauwörth
Printed in Germany
ISBN 3–19–003070–7

Inhaltsverzeichnis

Das Substantiv

Das Adjektiv

Der Artikel

7

Vorwort

Das vorliegende Buch ist eine Auswahlsammlung von Übungen zu den wichtigsten Kapiteln der französischen Grammatik. Der Schwerpunkt wurde dabei auf die Kapitel gelegt, die Anfängern und Lernenden mit mittleren Kenntnissen besondere Schwierigkeiten bereiten (z. B. Das Verb). Reine Übersetzungsprobleme (z. B. Der Gebrauch der Zeiten) oder Fragen der Stilistik (z. B. Der Gebrauch der Partizipien und des Gerunds) wurden dabei bewußt vernachlässigt oder nicht behandelt.

Die Zusammenstellung der Übungen erfolgte vor allem nach praktischen Gesichtspunkten. So erscheint z. B. die Rektion der Verben weniger im Kapitel »Verb«, sondern vor allem in Übungen zu den Pronomen.

Alle Übungen wurden im praktischen Unterricht erprobt.

Wir möchten nicht versäumen, an dieser Stelle Frau Francine Gaudray für ihre wertvolle Mitarbeit zu danken.

München, Frühjahr 1967

Christiane Sattler
Peter Ilgenfritz

DAS VERB (LE VERBE)

Die Konjugation der regelmäßigen Verben auf »-er«, »avoir« und »être«

1 *Setzen Sie die in Klammern angegebenen Verben in die verlangte Form:*

1. (parler – Imp.) Elle . . . . . souvent de son père.
2. (chanter – Perf.) Ce matin, tu . . . . . une si jolie chanson.
3. (chercher – Präs.) Grand-maman . . . . . toujours ses lunettes.
4. (porter – Futur I) Je . . . . . votre valise à la gare.
5. (retrouver – Perf.) Jean . . . . . son porte-monnaie.
6. (allumer – Futur I) Ce soir, nous . . . . . un feu dans la cheminée.
7. (fermer – Imperativ) . . . . . la porte, s'il te plaît!
8. (parler – Imperativ) . . . . . très lentement, s'il vous plaît!
9. (avoir – Imp.; être – Imp.) Après cette promenade, j' . . . . . faim et soif et j' . . . . . très fatigué.
10. (avoir – Imperativ, 2. Pers. Sing.; être – Futur I) N' . . . . . pas peur! Je . . . . . prudent.
11. (être – Imp.) Mes deux sœurs cadettes . . . . . souvent malades.
12. (être – Imp.) Papa et moi . . . . . toujours très gais.
13. (entrer – passé simple; fermer – passé simple) Elle . . . . . et . . doucement la porte derrière elle.
14. (être – Imp.; avoir – Imp.) Quand tu . . . . . petite, tu . . . . . très peur des chiens.
15. (avoir – passé simple) Subitement elle . . . . . peur.
16. (embrasser – passé simple) Ils . . . . . une dernière fois leur mère.
17. (avoir – Futur I; donner – Futur I) Quand elle . . . . . ses vingt ans, je lui . . . . . la lettre de son père.
18. (montrer – Kond. I) Moi à ta place, je . . . . . cette lettre à mes parents.
19. (être – Kond. I) Ma femme et moi . . . . . très heureux de vous revoir bientôt.
20. (être – Imperativ, 1. Pers. Plural) . . . . . plus prudents désormais!
21. (prêter – Futur I; terminer – Futur II) Je te . . . . . ce livre quand je l' . . . . .
22. (être – Imp.; chanter – Imp.) Quand nous . . . . . petits, maman nous . . . . . tous les soirs une berceuse.
23. (être – Imp.; flâner – Imp.) Quand j' . . . . . à Paris, je . . . . . souvent dans les vieux quartiers.
24. (être – Imp.; rentrer – passé simple) J' . . . . . déjà couchée, quand il . . . . . enfin.

25. (dîner – Plusquamperfekt; rentrer – passé simple) Papa et maman . . . . . déjà . . . . . quand je . . . . .
26. (manger – Perf.; apporter – Plusquamperfekt) Nous . . . . . le saucisson que mon père nous . . . . .
27. (terminer – passé antérieur; rentrer – passé simple) Dès qu'il . . . . . son travail, il . . . . .
28. (cesser – passé antérieur; quitter – passé simple) Aussitôt qu'il . . . . . de pleuvoir, ils . . . . . la maison.

2 *Übersetzen Sie:*

1. Ich suche mein Französischbuch.
2. Seid bitte sehr ruhig!
3. Er hat immer Hunger.
4. Mach bitte die Fenster zu!
5. Sie trug (Imp.) einen blauen Mantel.
6. Sie sprechen sehr gut Französisch.
7. Marie und Luise hatten (Imp.) immer Angst.
8. Der Lehrer war (Perf.) sehr zufrieden mit (de) mir.
9. Mein Vater wäre einverstanden gewesen (être d'accord).
10. Hans war schon da (Imp.), als wir ankamen (passé simple).
11. Wir werden gegen 5 Uhr in München sein.
12. Er wird noch ein Zimmer finden.
13. Nach diesem Spaziergang werden Sie Hunger und Durst haben.
14. Als ich endlich nach Hause kam (passé simple), war ich sehr müde (Imp.) und fror (Imp.) entsetzlich.
15. Sowie er gegessen hatte (passé antérieur), verließ er das Haus.
16. Als sie heimkam (passé simple), hatte ihre Mutter das Abendessen schon bereitet (Plusquamperfekt).
17. Heute abend werde ich mit Papa über (de) deine Reise sprechen.
18. Während (pendant que) Mutter das Mittagessen bereitete (Imp.), spielten wir (Imp.) mit unserer kleinen Kusine im Garten.
19. Wenn ihr ankommt (Futur I), werden wir schon gegessen haben.
20. Ich wäre über deinen Besuch so glücklich gewesen.

Frageform, verneinte Form und verneinte Frageform

3 *Setzen Sie nachstehende Sätze in die Frage*
a) mit Inversion, b) mit Umschreibung

1. Elle cherche sa poupée.
2. Vous allumerez un feu.

3. Tu as fermé les fenêtres.
4. Ils ont acheté une jolie table.
5. Il est Français.
6. Vous êtes content, monsieur.
7. Elles sont jolies.
8. C'était un sac brun.
9. C'est un beau film.
10. J'ai oublié mon chapeau chez vous.
11. On cherche la clé.
12. Vous avez commandé le vin.
13. Il rentre toujours si tard.
14. Vous avez trouvé un joli appartement.
15. Il a faim.
16. Elle sera première.
17. Elle a aimé cet homme.
18. Je suis vraiment ambitieux.
19. Il parle bien français.
20. Il avait votre adresse.

4 *Setzen Sie nachstehende Sätze in die Frageform*

a) mit Umschreibung, b) mit Inversion:

1. Les roses sont chères actuellement.
2. Ton père est très sévère.
3. Charles et Louise étaient au théâtre.
4. Votre frère fume beaucoup.
5. Le voleur avait un pistolet.
6. Marie et Anne étaient jalouses de leur petit frère.
7. Vos amis aiment la musique de Bach.

5 *Frage mit Fragewort. Bilden Sie aus den nachstehenden Sätzen mit den in Klammern angegebenen Fragewörtern Fragen*

a) mit Umschreibung, b) mit Inversion:

1. Tu as acheté ces cahiers. (où)
2. J'ai oublié mon chapeau. (où)
3. Tu es allé à Paris. (quand)
4. Il a acheté une nouvelle voiture. (pourquoi)
5. Vous n'avez pas mangé votre chocolat. (pourquoi)
6. Nous serons à Munich. (quand)
7. Vous cherchez un livre. (quel)

6 *Geben Sie die Fragesätze an, die durch folgende Sätze beantwortet werden:*

1. Elle est triste parce qu'elle ne trouve pas sa poupée.
2. Demain, tu seras à Londres. (2 Möglichkeiten)
3. Nous dînerons à 8 heures.
4. Il a tué le petit chat noir.

7 *Setzen Sie folgende Sätze in die Verneinung:*

1. J'aime la bière.
2. Vous êtes très gentille, mademoiselle.
3. C'est très grave.
4. Il a cassé le verre.
5. Nous avons trouvé votre parapluie.
6. Vous avez été contents de nous.
7. J'ai peur.
8. Il a faim.
9. Ta sœur chante bien.
10. Le bébé pleure souvent.
11. Chantez la chanson allemande!
12. Montre cette lettre à ton père!
13. Maman a retrouvé sa clé.
14. Il avait attaché le chien.
15. J'ai eu froid.
16. Elle était au cours de français.
17. Elle aime cette robe rouge.
18. Ce sont des vipères.

8 *Formen Sie nachstehende Fragen zu verneinten Fragen um:*

1. Cherche-t-elle sa clé?
2. Avez-vous faim?
3. Est-ce qu'il a deux chiens?
4. Est-elle heureuse?
5. As-tu trouvé la carte?
6. Est-ce qu'il a été malade?

9 *Formen Sie nachstehende verneinte Sätze zu verneinten Fragen um (mit Inversion und mit Umschreibung):*

1. Il n'est pas content de nous.
2. Vous n'étiez pas encore à Paris.
3. Ils n'ont pas trouvé le livre.
4. On n'a pas informé la police.

16

10 *Übersetzen Sie:*

1. Hast du das Brot geschnitten?
2. Ist dieser Herr nett?
3. Bist du nicht krank?
4. Findet ihr den Brief nicht?
5. Wann werden wir in Paris sein?
6. Das Baby hat nicht geweint.
7. Ich finde meine Handtasche nicht.
8. Warum ist Hans böse?
9. Welches Glas hat sie zerbrochen?
10. Wo hat er diesen Hut gekauft?
11. Ißt man in diesem Restaurant nicht gut?
12. Wann war deine Schwester in München?
13. Wo hast du diese Handtasche gekauft?

11 *Andere Verneinungswörter. Setzen Sie in nachstehende Sätze die in Klammern angegebenen Verneinungswörter ein und übersetzen Sie ins Deutsche:*

1. Il est très riche. (ne . . . . . plus)
2. Mon frère siffle. (ne . . . . . jamais)
3. Elle est contente. (ne . . . . . pas du tout)
4. L'enfant a mangé. (ne . . . . . rien)
5. J'ai volé. (ne . . . . . rien du tout)
6. Sont-ils à la maison? (ne . . . . . plus)
7. J'ai trouvé le marteau et les clous. (ne . . . . . ni . . . . . ni)
8. Elle est petite et mince. (ne . . . . . ni . . . . . ni)
9. J'ai trouvé le livre. (ne . . . . . nulle part)

Orthographische Besonderheiten einiger Verben der 1. Konjugation

12 *Verben auf »-ger« und »-cer«. Setzen Sie das in Klammern angegebene Verb in die verlangte Form:*

1. (avancer – Imp.): Ils . . . . . vite.
2. (manger – Präs.): Nous . . . . . des poires.
3. (bercer – Imp.): La femme . . . . . son bébé doucement dans ses bras.
4. (placer – passé simple): Il . . . . . des chaises autour de la table ronde.
5. (prononcer – Präs.): Nous ne . . . . . pas bien le français.
6. (arranger – Fut. I): On . . . . . cela très vite.

7. (décharger – Imp.): Les ouvriers . . . . . le camion.
8. (prononcer – Präs.): Vous . . . . . mal les nasales.
9. (déranger – Perfekt): Est-ce que j' . . . . . ton papa?

13 *Setzen Sie die Singularformen in die entsprechende Person im Plural und umgekehrt:*

1. Je mange des cerises.
2. Il nagera longtemps.
3. Vous n'avanciez pas.
4. Je commençai mes études.
5. Nous rangions nos jouets.
6. Il a nagé trop longtemps.
7. Il commençait à manger.
8. Ils partageaient le chocolat.
9. Il effaça le tableau.
10. Il interrogeait les élèves.
11. Elle remplaça le vase cassé.
12. Je loge à l'hôtel.

14 *Übersetzen Sie:*

1. Wir essen die Wurst.
2. Ihr wechselt das Geld.
3. Stört Mutti nicht!
4. Wir schwimmen zu langsam.
5. Räum noch deine Bücher auf!
6. Fangen wir schon an!
7. Sie vertrat (remplacer – Imp.) Madame Nigeon.

15 *Verben auf »-ayer«, »-uyer«, »-oyer« und das unregelmäßige Verb »envoyer«. Ergänzen Sie den fehlenden Buchstaben:*

1. Le chien abo . e. Les chiens abo . ent.
2. J'appu . e sur le bouton. Nous appu . ons sur le bouton.
3. J'ai netto . é mon appartement.
4. Essu . ez vos pieds!
5. J'ai oublié mon livre; cela m'ennu . e.
6. N'essa . ez pas de loucher! N'essa . e pas de loucher!
7. Notre enfant ne béga . e plus. Les enfants ne béga . ent plus.
8. Attends! J'essu . erai d'abord les verres!

9. Il ne pa . era jamais ses dettes.
10. Je n'emplo . erais pas cette expression vulgaire.
11. Elle envo . e chaque semaine un colis à sa tante.
12. Appu . e l'échelle contre le mur! Appu . ez l'échelle contre le mur!

16 *Setzen Sie nachstehende Sätze ins Futur I und ins Imperfekt:*

1. Il envoie chaque semaine un colis à sa sœur.
2. Nous nettoyons l'appartement ensemble.
3. Cet élève essaie toujours de tricher.
4. Ils ne nous renvoient pas les échantillons.
5. Suzanne s'ennuie chez grand-maman.
6. Vous employez bien votre temps.

17 *Übersetzen Sie:*

1. Der Hund hat gebellt.
2. Drück auf den Knopf!
3. Er erschreckt immer die Kinder.
4. Hans putzt (Futur I) sein Fahrrad heute nachmittag.
5. Ich würde seine Schulden nicht bezahlen.
6. Man wird diese Kätzchen (le chaton) ertränken.
7. Ich werde versuchen, langsam zu sprechen.

18 *Verben mit »e« und »é« in der letzten Stammsilbe. – Setzen Sie die Sin-*
gularformen in die entsprechende Person im Plural und umgekehrt:

1. Jetez ça dans la poubelle!
2. Nous répétons la quatrième leçon.
3. Il lève la main.
4. Est-ce que tu amèneras Pierre Dupont?
5. Il appelle le chat «Minou».
6. Achèteriez-vous ce livre?
7. Enlève ça!
8. Nous créons des formes nouvelles.
9. Nous ne possédons plus cette maison.
10. J'espère bientôt retrouver la clé.
11. Quel vin préfères-tu?
12. Pèse les pommes d'abord!
13. Est-ce que tu préférerais un vin rouge?
14. Le paysan sème le blé.
15. Achetez des cigarettes pour papa!
16. Nous emmenons les enfants au cirque.

Das unregelmäßige Verb »aller«

19 *Setzen Sie die richtige Form von »aller« ein und übersetzen Sie ins Deutsche:*

1. Comment . . . . . votre mari? Merci, il . . . . . mieux aujourd'hui.
2. Ce corsage jaune te . . . . . très bien.
3. Bonjour, mon cher! Comment . . . . .-vous? Merci, je . . . . . bien, et vous?
4. Je . . . . . fermer la fenêtre, il fait froid.
5. L'année prochaine, nous . . . . . en France.
6. Jean, s'il te plaît, ... chercher du vin à la cave!
7. Ce soir, j' . . . . . peut-être au cinéma.
8. Quand nous étions à Paris, nous . . . . . souvent au théâtre.

Die Konjugation der regelmäßigen Verben auf »-ir« und die wichtigsten unregelmäßigen Verben dieser Gruppe

Verben, die wie »finir« konjugiert werden

20 *Setzen Sie ins Imperfekt, Perfekt und Futur I:*

1. Il parle et agit en mon nom.
2. Nous finissons la lecture et fermons le livre.

21 *Setzen Sie die in Klammern angegebenen Verben in die verlangte Form:*

1. (obéir – Präs.): Pourquoi n' . . . . .-tu pas à ta sœur?
2. (choisir – Kond. I): Quel livre . . . . .-tu?
3. (remplir – Imperativ): Garçon, ... les verres, s'il vous plaît!
4. (finir – Futur II): Dans deux heures j' . . . . . mon travail.
5. (éblouir – Perfekt): Le soleil . . . . . le chauffeur.
6. (réfléchir – Imp.): Les maisons se . . . . . dans le lac.
7. (punir – Perf.): Mes parents . . . . . Jacques trop sévèrement.
8. (réfléchir – Imperativ, 2. Pers. Plural): . . . . . avant de parler!
9. (remplir – passé simple): La salle se . . . . . très vite.
10. (applaudir – Imp.): Le public . . . . . toujours beaucoup cette scène.
11. (guérir – Futur I und futur proche): J'espère qu'il . . . . . très vite maintenant.
12. (réussir – Präs.): Je ne . . . . . pas toujours ce gâteau aux amandes.
13. (réussir – Perf.): Jean n' . . . . . pas . . . . . à son examen de passage.
14. (agir – Präs.): Elle . . . . . toujours imprudemment et sans réfléchir.
15. (saisir – passé simple): Subitement il me . . . . . au bras.
16. (saisir – Imp.): Ma sœur . . . . . chaque occasion de jouer du violon.

22 *Leiten Sie aus nachstehenden Adjektiven die Verben auf »-ir« ab und setzen Sie sie dann sinngemäß in die untenstehenden Sätze ein:*

cher, chère   maigre
gros, grosse   mûr, mûre
pâle   sale
rouge   grand, grande
blanc, blanche

1. Notre chien va rester aussi petit que cela. Il ne . . . . . plus. (futur proche und Futur I)
2. Tu as tellement . . . . . ! Est-ce que tu ne manges pas assez?
3. Par ce beau soleil les abricots . . . . . bien vite. (Präs.)
4. Mme Leton . . . . . sa fille adoptive. (Präs.)
5. Nos enfants se . . . . . toujours tellement! (Präs.)
6. Quand j'avais quinze ans, je . . . . . pour un rien. (Imp.)
7. Il faut que je mange moins. J'ai encore . . . . .
8. Quand il a vu cela, il a . . . . . d'effroi.
9. Samedi prochain, je . . . . . les murs. (Futur I)

23 *Übersetzen Sie:*

1. Wir werden die Gläser füllen.
2. Hans gehorchte Papa nie. (Imp.)
3. Die Sonne hatte meinen Vater geblendet.
4. Hast du schon eine Bluse ausgesucht?
5. Die Leute klatschten viel am Ende der Vorstellung. (passé simple)
6. Er hat seine neue Hose schon schmutzig gemacht.
7. Mein Bruder wird nicht wieder gesund werden.
8. Iß weniger! Du wirst so dick!

Verben, die wie »dormir« konjugiert werden

24 *Setzen Sie die Singularformen in die entsprechende Person im Plural und umgekehrt:*

1. Je dors mal, quand la fenêtre est fermée.
2. Elle ne ment jamais.
3. Tu consens à tout.
4. Sers-toi!
5. Pourquoi repartez-vous déjà?
6. Je ne sors jamais sans parapluie.
7. Il nous sert fidèlement.

8. Ils pressentent un danger.
9. Ils desservent la table silencieusement.

25 *Setzen Sie die in Klammern angegebenen Verben in die verlangte Form:*

1. (dormir – Präs.): Pourquoi ne . . . . .-tu pas encore?
2. (partir – Präs.): Quand . . . . .-vous? Nous . . . . . ce soir.
3. (partir – Futur I): Demain, nous . . . . . en voyage pour quelque temps.
4. (mentir – Imp.): Pierre me . . . . . souvent.
5. (sentir – Präs.): La crème . . . . . le brûlé.
6. (dormir – Perf.): Est-ce que tu . . . . . bien . . . . .?
7. (servir – Perf.): On nous . . . . . un repas magnifique.
8. (repartir – passé simple): Cinq minutes plus tard, le train . . . . .
9. (sortir – Imp.): Des enfants . . . . . de l'école.
10. (consentir – Futur I): Mon père ne . . . . . pas à ce projet.
11. (repartir – Perf.): Mes cousines . . . . . hier.
12. (sortir – Perf.): Quand est-ce qu'elle . . . . .?
13. (s'endormir – Perf.): Je me suis couché tôt hier soir, mais je ne me . . . . . que très tard.
14. (se repentir – Futur I): Tu te . . . . . encore de cette infamie.

26 *Übersetzen Sie:*

1. Wann ist sie abgefahren?
2. Sie werden diese Entscheidung noch bereuen. (se repentir de)
3. Ich habe meinen Vater nicht angelogen.
4. Wann bist du eingeschlafen?
5. Er lügt wie gedruckt. (comme un arracheur de dents)
6. Ihr geht zu oft aus.
7. Ich habe schlecht geschlafen.
8. Es riecht angebrannt hier.
9. Bedienen Sie sich!
10. Ich werde nie mehr lügen.
11. Ich werde sofort einschlafen. (mit futur proche)

Verben, die wie »ouvrir« konjugiert werden

27 *Setzen Sie nachstehende Verben sinngemäß in die Sätze ein: (wo nicht anders angegeben, im Präsens)*
ouvrir, couvrir, découvrir, souffrir, offrir

1. . . . . . vos livres à la page 12!

2. En avril, ne te ..... pas d'un fil, en mai, fais ce qu'il te plaît. (proverbe)
3. Dès qu'il commence à faire froid, ma sœur ..... de ses engelures (Frostbeulen).
4. Le musée n'..... qu'à 9 heures.
5. Qu'est-ce que tu ..... à ta mère pour Noël? (Futur I)
6. En 1492 Colomb ..... le Nouveau Monde. (Perfekt)
7. Je vais ..... ce gâteau au chocolat à mes invités.
8. Soudain le ciel se ..... de gros nuages noirs. (passé simple)
9. ..... les fenêtres, s'il vous plaît! Il fait très chaud ici.
10. Les cambrioleurs ..... la porte à l'aide d'un crochet. (passé simple)
11. Ils nous ..... leurs services. (Perfekt)

28 *Übersetzen Sie:*

1. Hast du deinen Gästen Zigaretten angeboten?
2. Die alte Dame hat lange an (de) dieser Krankheit gelitten.
3. Machen Sie bitte die Tür auf!
4. Plötzlich entdeckten die Polizisten die Pistole unter seinem Bett.
5. Er schenkte seiner Frau immer rote Rosen zum Geburtstag.
6. Ziehen Sie sich warm an, es ist kalt heute. (se couvrir)
7. Er hat die Tür einen Spalt weit aufgemacht (entrouvrir), hat gesehen, daß du schliefst (Imp.) und hat die Tür leise wieder zugemacht.

Die wichtigsten unregelmäßigen Verben der »-ir«-Konjugation:
»tenir«, »venir«, »courir«, »mourir«

29 *Setzen Sie die Singularformen in die entsprechende Person im Plural und umgekehrt und bestimmen Sie jeweils die Zeit, in der die Verben stehen:*

1. Je viens de Paris.
2. Il vient de rentrer.
3. Pourquoi cours-tu comme ça?
4. Je meurs de faim.
5. Ils coururent à travers champs.
6. Il nous vint au secours.
7. Il ne tiendra pas sa parole.
8. Il accourut tout de suite.
9. Sans le chien je mourrais de peur.
10. Ils couraient derrière le chat.
11. Tu deviendras certainement célèbre un jour.
12. Nous parcourrons toute la Bavière.

13. A qui est-ce qu'il appartient?
14. Il mourut de froid et de faim.
15. Je maintiendrai mon offre.
16. Quand reviendrez-vous?
17. Je revins trop tard.

30 *Übersetzen Sie:*

1. Er wird bald sterben. (mit futur proche)
2. Er wird sicher noch kommen. (mit futur proche)
3. Er wird im nächsten Jahr wiederkommen.
4. Er hat sein Versprechen gehalten.
5. Lauf schneller!
6. Wem gehört das Buch?
7. Hast du dein Visum bekommen?
8. Wann seid ihr zurückgekommen?
9. Sie ist sehr reich geworden.

31 *Wiederholung der Verben auf »-ir«. Setzen Sie die angegebenen Verben in der verlangten Zeitstufe in die Sätze ein:*

a) Präsens
1. (ouvrir) Il . . . . . la fenêtre et se penche en dehors.
2. (découvrir) Arrivés au sommet, nous . . . . . un vaste panorama.
3. (chérir) Nous . . . . . tous ma petite sœur.
4. (choisir) Finalement, elle . . . . . une robe marron à manches courtes..
5. (dormir) Je . . . . . très mal par cette chaleur.
6. (souffrir) Je ne . . . . . pas qu'on se moque de lui.
7. (sentir) Je me . . . . . très fatiguée.
8. (partir) Nous . . . . . avant l'aube.
9. (revenir) Ils . . . . . juste à temps.
10. (tenir) Tu ne . . . . . jamais tes promesses.
11. (mourir) Allons dîner, je . . . . . de faim, moi.

b) Futur I
1. (bâtir) C'est ici, que nous . . . . . notre maison.
2. (devenir) Tu . . . . . un bon professeur.
3. (mentir) Je ne . . . . . plus jamais.
4. (offrir) J'espère qu'ils nous . . . . . quelque chose à boire.
5. (mourir) Nous . . . . . tous un jour.
6. (partir, revenir) Nous . . . . . avant l'aube et ne . . . . . pas avant la nuit.

7. (remplir) Je . . . . . la fiche après le dîner.
8. (parcourir) Si vous voulez, je . . . . . votre manuscrit.

c) passé simple

1. (saisir, sortir) Elle . . . . . son parapluie et . . . . .
2. (parvenir) Les enfants ne . . . . . pas à ouvrir la porte.
3. (survenir) Un agent de police . . . . . à temps.
4. (accourir) Une grande foule de curieux . . . . . au lieu de l'accident.
5. (retenir) Je . . . . . mon souffle, pour ne pas me trahir.
6. (mourir) Je n'avais que six ans quand mon père . . . . .
7. (ouvrir) Soudain la porte s'. . . . .

Die Konjugation der regelmäßigen Verben auf »-re« und einige wichtige unregelmäßige Verben dieser Gruppe

32 *Setzen Sie die Singularformen in die entsprechende Person im Plural und umgekehrt und bestimmen Sie jeweils die Zeitstufe, in der die Verben stehen:*

1. J'attends un coup de téléphone de papa.
2. Nous descendons souvent à cet hôtel.
3. Il ne nous répondit plus.
4. Ne perds pas courage!
5. Est-ce que vous vendrez la maison?
6. Est-ce que le chien mord?
7. Tu leur défendras de revenir.
8. Il s'interrompit souvent.
9. Je ne l'entendais pas.
10. Nous entendîmes le bruit de pas furtifs dans l'escalier.

Die unregelmäßigen Verben »connaître«, »dire«, »croire«, »écrire«, »faire«, »lire«, »mettre«, »battre«, »prendre«

33 *Setzen Sie die angegebenen Verben in der verlangten Form in die Sätze ein:*

1. (connaître – Präsens) Je ne . . . . . pas cet homme. Le . . . . . – tu?
2. (reconnaître – Kond. II) Tiens, je ne t'. . . . . pas . . . . .
3. (reconnaître – passé simple) Il me . . . . . tout de suite.
4. (prendre – Imperativ, 2. Pers. Sing.) . . . . . encore de la viande!
5. (apprendre – Perfekt) J'. . . . . que tu étais malade.

6. (apprendre – Präsens) J'..... le français en classe.
7. (mettre – Imperativ) .....-toi là! .....-vous là!
8. (mettre – passé simple) Maman ..... un autre couvert.
9. (écrire – Imp.) Elle m'..... souvent.
10. (écrire – Futur I) Je lui ..... bientôt.
11. (écrire – passé simple) A partir de ce jour il ne m'..... plus.
12. (mettre – passé simple) Quand je fus rentré, je me ..... tout de suite à travailler.
13. (dire – Präsens) Qu'est-ce que tu .....?
14. (dire – Präsens) Qu'est-ce que vous .....?
15. (faire – Präsens) Qu'est-ce que tu .....?
16. (faire – Präsens) Qu'est-ce que vous .....?
17. (faire – Futur I) Dimanche, je ..... une belle promenade en voiture.
18. (lire – Präsens) Quels journaux .....-vous?
19. (prendre – passé simple) Il me ..... par la main.
20. (faire – Präsens) Ils ..... ce qu'ils veulent.
21. (faire – Perfekt) Je n' ..... pas ..... beaucoup de fautes dans la dictée.
22. (faire – passé simple) Les garçons ..... quelques pas vers nous.
23. (croire – Präsens) Je ne vous ..... pas.
24. (croire – Präsens) .....-vous cela?
25. (croire – passé simple) Un moment je ..... voir une lumière.
26. (battre – Imperativ, 2. Pers. Sing.) ..... trois œufs et ajoute un blanc battu en neige et une pincée de sel.
27. (surprendre – passé simple) Un orage nous .....
28. (lire – Präsens) Est-ce que vos élèves ..... beaucoup?
29. (lire – Perfekt) Est-ce que vous ..... son dernier roman?
30. (décrire – Perfekt) Jean m'..... votre appartement.

34 *Übersetzen Sie:*

1. Ich würde diesen Brief bald schreiben.
2. Welches Buch hast du genommen?
3. Wir hätten das auch gemacht.
4. Hans hat das nicht gesagt.
5. Er wird das nicht glauben.
6. Nimm (nehmt) noch Kirschen!
7. Ich werde einen Kaffee nehmen. (Futur und Futur proche)
8. Sagen Sie, haben Sie meinen Brief nicht gelesen?
9. Ich kenne (kannte) diesen Herrn nicht.

Schwierigere Übungen zu den unregelmäßigen Verben auf »-ir« und »-re«

35 *Verben auf »-ir«. Konjugieren Sie nach dem Muster: je meurs, tu cours, il fuit, elle conquiert ... elles discourent, je recours, etc. folgende Verben im*

a) Präsens, b) Imperfekt, c) passé simple, d) Futur I, e) Konditional I, f) Perfekt:

mourir	recourir
courir	haïr
fuir	accueillir
conquérir	venir
cueillir	revêtir
recueillir	secourir
parcourir	soutenir
discourir	acquérir

36 *Gleiche Übung mit unregelmäßigen Verben auf »-re«:*

conduire	conclure
mettre	rire
plaire	suffire
croître	vivre
remettre	reconnaître
craindre	suivre
boire	construire
croire	se taire

»Dire« und seine Komposita

37 *Setzen Sie folgende Komposita von »dire«*

> *a) in die 2. Pers. Plural, Präs., Indikativ*
> *b) in die 1. Pers. Sing., Imperfekt, Indikativ*
> *c) in die Formen der beiden Partizipien*

dire, prédire, contredire, redire, interdire, maudire, médire, dédire

Die wichtigsten Verben auf »-oir« und die unregelmäßigen Verben »voir«, »pouvoir«, »vouloir« und »savoir«

38 *Setzen Sie die in Klammern angegebenen Verben in die verlangte Form:*

> 1. (devoir – Präs.) Vous . . . . . d'abord ranger vos jouets.
> 2. (décevoir – Futur I) Cette pièce de théâtre ne vous . . . . . pas.

3. (recevoir – Perf.) Ce matin j'..... un gros colis de ma tante.
4. (percevoir – passé simple) A ce moment-là, le docteur ..... un gémissement.
5. (devoir – Präs.) Tu me ..... encore 500 frs.
6. (devoir – Kond. II) Ton frère ..... nous dire qu'il viendrait si tard.
7. (concevoir – Präs.) Ce qui se ..... bien, s'énonce clairement. (Boileau)
8. (apercevoir – passé simple) Je m'..... tout de suite de mon erreur.
9. (devoir – passé simple) Mon frère ..... renoncer à son projet.
10. (décevoir – Präs.) Vous me .....
11. (apercevoir – Präs.) Quand ils nous ....., ils se mettent à courir.

39 *Setzen Sie die Singularformen in die entsprechende Person im Plural und umgekehrt und bestimmen Sie die Zeitstufe, in der die Verben stehen:*

1. Je ne le vois pas souvent.
2. Sais-tu s'il viendra encore?
3. Savez-vous un peu de français?
4. Je vis que le malade voulait parler.
5. Un peu plus tard nous sûmes qu'il ne reviendrait plus.
6. Je ne veux pas encore partir.
7. Pendant ce temps nous ne voyions Jean qu'aux repas.
8. J'entrevis une faible lumière dans le couloir.
9. Tu peux rentrer, si tu veux.
10. Il ne put plus avancer.
11. Pourrais-tu me rendre l'argent la semaine prochaine?

Die Verben »devoir«, »pouvoir«, »vouloir«, »savoir« als modale Hilfsverben

40 *Übersetzen Sie:*

1. Ich kann heute nicht ausgehen, ich bin erkältet.
2. Der Kranke wollte etwas sagen, aber er konnte nicht sprechen.
3. Peter soll zuerst seine Aufgaben machen.
4. Mein kleiner Bruder kann noch nicht schwimmen.
5. Kannst du stricken?
6. Bernard dürfte (devoir – Präs.) 20 Jahre alt sein.
7. Sie sollten wirklich öfter zu uns kommen! (devoir – Kond. I)

Das Passiv (seine Bildung und die Verwandlung Aktiv—Passiv)

41 *Setzen Sie die Verben in die verlangte Form (achten Sie dabei auf die Veränderlichkeit der Partizipien!)*

1. (Futur I) Tu – être interrogé – par ton professeur.
2. (Präsens) Le tableau – être admiré – par les connaisseurs.
3. (Perfekt) Nous – être loué – par nos amis.
4. (passé simple) Une soirée dansante – être organisé – par l'association de nos anciens élèves.
5. (Perfekt) Les clés – être retrouvé – par la concierge.
6. (Plusquamperfekt) Le vin – être commandé – par mon secrétaire.
7. (Futur I) La poule – être saigné – demain.
8. (Perfekt) Les verres – être cassé – par mon frère.
9. (Kond. II) Si Marcelle avait travaillé un peu plus, elle – être récompensé – par maman.
10. (Kond. I) Si nous n'enfermions pas les poules le soir, elles – être mangé – par les renards.
11. (Futur I) L'enfant – être baptisé – par l'abbé Pierre, qui est un ami de mon père.

42 *Übersetzen Sie:*

1. Das Huhn wird morgen geschlachtet (Futur I).
2. Mein kleiner Bruder ist gestern getauft worden.
3. Der Hund ist getötet worden.
4. Dein Schirm ist gefunden worden.
5. Du wirst von deiner Mutter zu sehr verwöhnt.
6. Von wem (par qui) ist er informiert worden?
7. Eure Arbeiten werden von meinem Assistenten korrigiert werden.
8. Das Kind wurde von seinem Bruder gerettet (passé simple).
9. Meine Mutter ist auch von diesem Arzt operiert worden.
10. Hans war von ihr oft betrogen worden (tromper).
11. Dein Mantel wird gestohlen worden sein.

43 *Übersetzen Sie (mittelschwere Sätze):*

1. Er war verhört worden.
2. Du würdest zurückgeschickt werden (, wenn . . .)
3. Sie wäre enttäuscht worden (, wenn . . .)
4. Er wurde verhaftet.
5. Du wirst betrogen werden.

6. Sie werden verboten werden.
7. Dir würde verziehen (, wenn . . .)
8. Es wird ihm geholfen.
9. Er ist verurteilt worden.

Verwandlung Aktiv-Passiv

44 *Setzen Sie ins Passiv, indem Sie das Objekt des aktiven Satzes zum Subjekt des passiven Satzes machen. Behalten Sie die vorgegebenen Zeiten bei und achten Sie auf die Veränderlichkeit der Partizipien:*

1. On retrouvera les clés.
2. On admira ses poèmes.
3. On a tué le chien.
4. On avait sauvé trois enfants.
5. On paiera ses dettes.
6. On vide les poubelles une fois par semaine.
7. On inviterait ta cousine.
8. On a appelé les enfants.
9. On avait lavé les serviettes.
10. On baptisera les enfants demain.
11. On signa le contrat.

45 *Die gleiche Übung wie oben, nur ist diesmal der Urheber der Handlung genannt. Das Subjekt des aktiven Satzes wird »complément d'agent« im passiven Satz:*

1. Le professeur a interrogé tous les élèves.
2. Un agent de police avait noté notre numéro.
3. Un voisin a tué notre chat.
4. Cet homme aura aussi volé mon porte-monnaie.
5. Le président de la République signa le contrat.
6. Un moine fanatique assassina Henri III.

46 *Setzen Sie nachstehende Sätze unter Beibehaltung der vorgegebenen Zeiten ins Passiv:*

1. On a publié récemment un article de lui dans le «Figaro».
2. On le transporta tout de suite à l'hôpital de Berck.
3. On doit encore examiner cette question.
4. Il paraît qu'on a découvert un remède contre la leucémie.
5. Mais, monsieur, les roses sont toutes fraîches; on vient de les couper.

6. Grâce à des indications précises venant de la population, on a pu arrêter les deux voleurs qui, depuis huit semaines, avaient hanté la région.

7. Un orage nous avait surpris.

8. Tous les membres ont adopté la mesure à l'unanimité.

9. Une vache, qui ne voulait pas se laisser prendre le veau qu'elle venait de mettre au monde, a attaqué et grièvement blessé deux ouvriers agricoles.

10. Le juge les avait condamnés à trois ans de prison.

11. Ses amis la reconnaîtront à son accent.

12. Maman m'aurait réveillé.

13. Mes héritiers vendraient ma collection d'objets précieux.

14. Est-ce que le juge n'a pas encore entendu les témoins?

47 *Passivkonstruktion mit Hilfsverben. Übersetzen Sie:*

1. Das Haus ist gerade gebaut worden (mit passé récent).

2. Du mußt betrogen worden sein.

3. Das Essen wird gleich aufgetragen werden (mit futur proche).

4. Die Bücher müssen gestohlen worden sein.

5. Der Dieb konnte sofort gestellt werden (arrêter).

6. Er will nicht gestört werden.

7. Mein Hut wäre beinahe vom Wind davongetragen worden (mit faillir).

48 *Übersetzen Sie (schwierigere Sätze):*

1. Der Fahrer des Peugeot, M. Dufort, 25 Jahre alt, wurde schwer verletzt.

2. Der Fahrer des Lastwagens behauptet, von der Sonne geblendet worden zu sein.

3. Diese Zahlen müßten noch überprüft werden.

4. Man vermutet, daß die beiden Frauen von einem gewissen Daniel Vélin ermordet wurden, der eine Zeitlang im gleichen Haus gewohnt hatte.

5. Die Beratungen wurden auf einen späteren Zeitpunkt verschoben.

6. Diese persönlichen Aufzeichnungen waren erst 20 Jahre nach seinem Tode veröffentlicht worden.

7. Dank dieser Waffe konnte der Mörder der kleinen Brigitte B. innerhalb weniger Stunden identifiziert werden.

8. Sowie er entlassen worden war (remettre en liberté – passé antérieur), fing er wieder an zu stehlen.

49 *Reflexivkonstruktion oder Wendung mit »on« anstelle des Passivs. Übersetzen Sie mit einer Reflexivkonstruktion und, wo das nicht möglich ist, mit »on«:*

1. In Frankreich werden jetzt viele Schulen gebaut.
2. Dieses Gericht soll sehr heiß serviert werden.
3. Die Kleider werden in diesem Winter wieder länger getragen.
4. Unsere Artikel werden in allen einschlägigen Geschäften geführt (verkauft).
5. Das Medikament soll vor den Mahlzeiten genommen werden.
6. Schirme werden leicht verloren.
7. Diese Tatsache wird nur allzu oft vergessen.
8. Der arme Junge wird zu drei Jahren Gefängnis verurteilt.
9. Die im Herbst geborenen Kätzchen werden oft getötet.
10. Die beiden Frauen wurden oft in Begleitung eines etwa fünfzigjährigen Mannes gesehen.

50 *»par« oder »de« im passiven Satz. Setzen Sie »de« oder »par« ein, je nachdem ob ein Zustand oder eine Handlung vorliegt. Lassen Sie gegebenenfalls den bestimmten Artikel vor dem Substantiv weg:*

1. La jeune femme était dévorée . . . . . les remords.
2. Les livres de Karl May ont été dévorés . . . . . nos garçons.
3. Je suis débordé . . . . . le travail.
4. Les gens furent débordés . . . . . les événements.
5. Cette caillette est détestée . . . . . tout le monde.
6. C'est un phénomène jusqu'à présent ignoré . . . . . les sociologues.
7. Ses efforts furent couronnés . . . . . un succès brillant.
8. Ce vieux professeur est aimé et respecté . . . . . tous.
9. Il vécut ainsi pendant plusieurs années, retiré de toute activité et méconnu . . . . . ses contemporains.
10. Ses bonnes intentions furent méconnues . . . . . ses contemporains.

Gebrauch der Modi
a) Der Konjunktiv (le subjonctif)

Ableitung des Konjunktiv Präsens und Verwendung nach einigen häufig vorkommenden Ausdrücken der Willensäußerung, des persönlichen Empfindens und des Zweifels

51 *Geben Sie von folgenden Verben jeweils*

a) die dritte Person Plural, Präsens, Indikativ und die erste Person Plural, Imperfekt, Indikativ an,

b) sagen Sie, wie die erste Person Singular und die erste Person Plural des Konjunktiv Präsens lauten:

z. B. aimer: a) ils aiment, nous aimions – b) que j'aime, que nous aimions

finir	répondre
entendre	découvrir
répéter	apercevoir
renouveler	prendre
acheter	voir
feuilleter	écrire
haïr	dire
sortir	mettre

52 *Geben Sie von folgenden Verben, deren Konjunktiv sich nicht, wie bei obigen Verben, ableiten läßt, jeweils die erste Person Singular und Plural des Konjunktiv Präsens an:*

aller	pouvoir
faire	savoir
vouloir	avoir
	être

53 *Setzen Sie in folgenden Sätzen das Verb in die entsprechende Form des Konjunktiv Präsens:*

1. Pourquoi n'obéis-tu pas à ton professeur? Il faut que tu lui o . . . . .!
2. Jean n'a pas encore porté ma valise à la gare. Il faut qu'il l'y . . . . .
3. Tu ne travailles pas assez régulièrement. Il faut que tu . . . . . plus régulièrement.
4. Pourquoi n'avez-vous pas apporté vos livres? Alors il faut que vous les . . . . . demain.
5. Nous n'avons pas encore fini notre travail. Il faut que nous le . . . . . d'abord.
6. Juliette n'est pas assez tranquille. Il faut qu'elle le . . . . . plus.
7. Pourquoi ne voulez-vous pas recevoir cette dame? Il faut que vous la . . . . .
8. Votre fils n'a pas assez de courage. Il faut qu'il en . . . . . plus.
9. Nous n'avons pas acheté le journal. Papa veut que nous l'. . . . . encore.
10. Vous n'êtes pas assez courageux. J'aimerais que vous le . . . . . plus.
11. Pourquoi ne te défends-tu pas contre lui? Je demande que tu te . . . . . contre lui.

12. Vous avez encore fumé? Vous savez bien que je ne veux pas que vous
. . . . .
13. Pourquoi n'as-tu pas encore écrit à tante Hélène? J'exige que tu lui
. . . . . aujourd'hui même.
14. N'avez-vous pas lu ma lettre? Il est nécessaire que vous la . . . . .
d'abord.
15. Viendra-t-il encore? Je voudrais qu'il . . . . . encore.
16. Pourquoi ne veux-tu pas sortir avec elle? Je désire que tu . . . . .
avec elle.

54 *Die gleiche Übung wie oben:*

1. Jean viendra bientôt. Je suis tellement heureuse qu'il . . . . .
2. Vous êtes très sages, mes enfants. Je suis contente que vous . . . . . si
sages.
3. Tu me mens toujours. Je suis triste que tu me . . . . . toujours.
4. Jean n'est pas là. C'est dommage qu'il ne . . . . . pas là.
5. Mon fils ne finit pas ses études. Je suis fâché qu'il ne les . . . . . pas.
6. Vous n'avez pas le temps de venir? Je regrette que vous n'. . . . . pas
le temps de venir.

55 *Die gleiche Übung:*

1. Est-ce que Jean a beaucoup d'argent? – Je doute qu'il en . . . . . plus
que nous.
2. Quand partez-vous? – Il est possible que nous . . . . . ce soir même.
3. Est-ce qu'elle nous entend? Il est possible qu'elle nous . . . . .
4. Est-ce qu'il fera la réparation d'ici demain? – Je doute qu'il la . . . . .
d'ici demain.

Konjunktiv im Hauptsatz

56 *Übersetzen Sie:*

1. Ich werde mich nicht mehr in seine Angelegenheiten mischen. Soll er
doch heiraten, wen er will!
2. Nebenbei gesagt: Dieser Herr Duval könnte Ihnen wichtige Informationen liefern!
3. Gebe Gott, daß Sie recht haben!
4. Soll sie uns doch hören!
5. Soll er das nächste Mal besser aufpassen!
6. Der Teufel soll's holen!
7. Daß der Kranke vor allem nichts trinkt!
8. Daß niemand den Raum verläßt!

b) Indikativ und Konjunktiv im Subjektsatz und Objektsatz mit »que«

57 *Setzen Sie die in Klammern angegebenen Verben in den richtigen Modus:*

1. Il faut que tu (aller) chez un médecin.
2. Il est prouvé qu'il (avoir) falsifié des chèques.
3. Qu'il (avoir) réagi de la sorte, cela ne doit pas vous surprendre.
4. Il vaut mieux qu'il n'en (savoir) rien.
5. Il n'est pas nécessaire que tout le monde nous (entendre).
6. Il est certain qu'il (vouloir) nous tromper.
7. Il est fâcheux qu'il ne nous (avoir) pas prévenus.
8. Il est honteux que le ministre n' (avoir) pas démissionné.
9. Que votre fille (être) fort intelligente, ce n'est pas douteux.
10. Il est ridicule que vous ne (vouloir) pas vous faire opérer.
11. Quel dommage, que tu ne (faire) pas de ski.
12. Il est probable que mon frère (revenir) à Noël.
13. Il est peu probable que mon livre (paraître) encore cette année.
14. Il est évident qu'il (mentir).
15. Qu'il (mentir), c'est évident.
16. Il semble que le médecin lui (avoir) dit la vérité.
17. Il me semble qu'il m' (avoir) déjà rendu ces livres.
18. Il paraît que Jean (être) devenu très riche là-bas.
19. Il ne tient qu'à vous que la chose (réussir).
20. Il est possible qu'il se (être) trompé.
21. Il s'en faut de beaucoup que nous (être) satisfaits de ces résultats.
22. Il est incontestable que les prix (avoir) augmenté.
23. Il est vrai qu'elle ne m' (écrire) plus.
24. Est-il vrai qu'elle ne t' (écrire) plus?
25. Est-ce bien vrai que tu (avoir) eu le premier prix au concours des jeunes pianistes?
26. Il n'est pas vrai que je (être) jalouse.
27. Il est arrivé qu'elle (avoir) été en retard.
28. Il arrive qu'on se (méprendre) longtemps sur une personne.

58 *Setzen Sie die in Klammern angegebenen Verben in den richtigen Modus:*

1. Je certifie qu'il (être) un très bon élève.
2. Je ne certifie pas qu'il (être) un très bon élève.
3. Je veux que tu (sortir) d'ici.
4. Je ne permets pas que vous (dire) du mal de lui.

35

5. Je crois qu'il (être) honnête.
6. Si tu crois que je (avoir) tort, prouve-le-moi!
7. Vous voyez qu'on ne (pouvoir) pas le croire.
8. Elle se plaint que vous ne lui (écrire) plus.
9. Elle se plaint de ce que vous ne lui (écrire) plus.
10. Est-ce que tu crains qu'on t' (avoir) vue?
11. Empêchez qu'il (ne) (apprendre) que j'ai été ici.
12. Je préfère qu'il ne m' (écrire) plus du tout.
13. J'ai peur qu'elle nous (avoir) entendus.
14. Maman est tellement heureuse que Jean (venir) à Noël.
15. Il soutient qu'il vous (avoir) rendu l'argent.
16. Que mon père y (consentir), je le crois bien.
17. Je trouve qu'il (être) temps de partir.
18. Je trouve bon que tu (apprendre) le français.
19. Nous regrettons que vous ne (pouvoir) pas venir.
20. Je comprends bien que vous n' (avoir) pas envie de venir.
21. Papa s'étonne que Jean n' (écrire) pas.
22. J'imagine que vous (souffrir) de son comportement.
23. Supposons qu'il (vouloir) vraiment vous renvoyer, quelles raisons en aurait-il?
24. Je suppose qu'il (vouloir) me renvoyer.
25. Dans toutes ces hypothèses on admet que la race blanche (être) supérieure aux autres races.
26. Crois-tu que Jean (venir) encore? – Je croyais qu'il (venir); mais maintenant il me semble qu'il ne (falloir) plus l'attendre.
27. Je ne trouve pas que vous (avoir) mal agi. Je pense au contraire que vous (avoir) bien fait de le lui dire.
28. Il jure qu'elle ne lui (avoir) plus écrit.
29. Nous doutons que Pierre (être) tout à fait innocent.
30. Je crois que ma sœur (aimer) Jean-Baptiste. N'avez-vous pas, vous aussi, remarqué qu'elle (rougir) chaque fois qu'il lui adresse la parole?
31. J'estime que sa maison (avoir) coûté dans les 100 000 marks.
32. Je ne vous garantis pas que ça (tenir) longtemps.
33. Ne sais-tu donc pas qu'il (être) en prison?
34. Je ne pense pas qu'il (être) maintenant trop tard pour leur téléphoner.
35. Nous doutons que vous (être) vraiment si souvent malade.
36. Jean ignore que je (être) déjà arrivé.
37. Quand je songe que je (avoir) été si près du succès!
38. Dites-lui qu'il (pouvoir) venir plus tard!

39. Dites-lui qu'il (venir) à temps!
40. Et moi, je prétends que cette traduction (être) plus facile que l'autre.
41. Notre professeur est un tel fanatique de la vérité qu'il va jusqu'à prétendre que nous l' (avertir) quand nous voyons tricher un camarade.
42. Papa entend que nous (faire) toujours ce qu'il demande.
43. Je m'oppose à ce que (ou: ne consens pas à ce que) vous (faire) ce voyage.
44. J'espère que vous (guérir) très vite maintenant.
45. Je n'espère plus qu'il (guérir).

c) Der Konditional

59 *Übersetzen Sie:*

1. Hätten Sie zufällig einen Kugelschreiber für mich?
2. Sollte das stimmen? Sollte er gelogen haben?
3. Es würde mir nichts ausmachen, zu Hause zu bleiben.
4. Man könnte meinen, du seiest eifersüchtig.
5. Sie hätten es mir früher sagen sollen, ich hätte Ihnen doch geholfen.
6. Würden Sie bitte etwas langsamer sprechen!
7. Ich hätte jetzt auch gern Ferien.
8. In einem solchen Fall sollten wir keine Kosten scheuen. (regarder à la dépense)
9. Du, Hans soll durchs Examen gefallen sein!
10. Sollte sie krank sein?
11. Ich würde Ihnen raten, seinen Brief nicht zu beantworten.
12. Die Aktienkurse sollen weiter fallen.

60 *Übersetzen Sie:*

1. Du kannst die Bücher mitnehmen, wenn du versprichst, sie mir bald wiederzubringen.
2. Wenn du kommst, kannst du die Bücher dann mitnehmen.
3. Wenn du morgen erst kämst, könntest du die Bücher schon mitnehmen.
4. Wenn du gestern gekommen wärst, hättest du die Bücher mitnehmen können.

61 *Unterscheiden Sie in den folgenden Sätzen Konditional als Modus von Konditional als Tempus:*

1. Je ne pensais pas que tu viendrais si tôt.
2. On lui dirait cent fois la même chose, qu'il ne vous écouterait pas.
3. Je croyais que j'aurais terminé mon travail plus tôt.

4. Et quand bien même je devrais aller jusqu'à la fin du monde, je te retrouverais.

5. Il ne s'est jamais demandé si son œuvre pourrait être utile à la postérité.

Tempus und Modus im Konditionalsatz mit »si« und nach anderen Konjunktionen

62 *Setzen Sie die in Klammern angegebenen Verben in die erforderliche Zeit und in den erforderlichen Modus:*

1. Si quelqu'un (venir), dites que je ne (être) pas là.
2. Qu'est-ce que tu (faire), si tu avais manqué le train?
3. S'il ne me (ramener) pas en voiture, j'aurais dû faire les 15 km à pied.
4. Si tu (être) gentil, tu m'offrirais un petit bouquet de fleurs.
5. Si vous (venir), amenez votre beau-fils!
6. Je ne sais pas ce que je (faire), s'il ne (être pas venu à temps).
7. Moi, je serais très heureuse, si vous (obtenir) un prix.
8. Tu as eu de la chance, si tu (réussir) à ton examen.
9. Si tu (venir) avant 8 heures, tu risques de rencontrer Mademoiselle Durand chez nous.
10. Il fait sombre comme s'il (aller) pleuvoir.
11. Je l'aimais comme si elle (être) ma sœur.
12. Demain, si nous (avoir) le temps et qu'il (faire) beau, nous (faire) une excursion en montagne.

63 *Ersetzen Sie in den nachstehenden Sätzen »si« durch andere Konjunktionen, aber so, daß der Sinn der Sätze gewahrt bleibt:*

1. Tu réussiras, si tu fais des efforts.
2. Tu échoueras, si tu ne fais pas plus d'efforts.
3. S'il mourait sans avoir fait de testament, serais-tu son unique héritier?
4. Si c'est vrai, il a bien fait de nous avertir.
5. Si vous avez besoin d'argent, dites-le-moi!
6. Si on dit oui, il dit non.

64 *Setzen Sie die in Klammern angegebenen Verben in den richtigen Modus und in die richtige Zeit:*

1. S'il ne vous (avoir) pas écrit, c'est qu'il ne (avoir) pas votre adresse.
2. S'il ne vient pas, ce n'est pas qu'il n'en (avoir) pas envie, mais qu'il (craindre) de trouver Isabelle ici.

3. Non que je (être) jaloux, mais je veux savoir où tu as été.
4. Elle vint chez nous sous prétexte qu'un homme la (poursuivre).
5. Qu'as-tu donc que tu (maigrir) tellement en ce moment?
6. Bien loin qu'elle (être) guérie, son mal s'est même aggravé.
7. Au lieu qu'il (faire) des économies, il dépense tout son argent dans des boîtes de nuit.
8. Il s'amuse alors qu'il (devoir) travailler.
9. Fait-il déjà si sombre qu'il (falloir) allumer les lampes?
10. A quatre heures il fait déjà si sombre qu'il (falloir) allumer les lampes.
11. Il n'est pas malade au point qu'il (devoir) rester au lit.
12. Il est malade au point qu'il ne (pouvoir) plus quitter le lit.
13. Il suffit d'un mot tendre pour qu'elle (être) heureuse.
14. Il a trop souvent menti pour qu'on lui (faire) encore confiance.

Konditional, 2. Form

65 *Verwenden Sie a) nur im Konditionalsatz*
b) nur im Hauptsatz
c) in beiden Sätzen

statt des Indikativs bzw. des Konditionals den Konjunktiv Plusquam-perfekt (conditionnel passé, deuxième forme):

1. Il aurait découvert notre secret, si par hasard il était entré.
2. S'il avait fait le moindre bruit, on l'aurait découvert.
3. Ç'aurait été une catastrophe, si elle l'avait appris avant nous.

d) Indikativ, Konjunktiv und Konditional im Relativsatz

66 *Setzen Sie die in Klammern angegebenen Verben in den richtigen Modus:*

1. Il n'est rien à quoi il ne (consentir) aujourd'hui.
2. Je cherche une jeune fille qui (venir) garder mon bébé une fois par semaine, afin que je (pouvoir) faire mes courses.
3. Je cherche le livre dans lequel Mlle Honorine (avoir) pris la dictée d'hier.
4. On demande un jeune homme qui (pouvoir) faire des traductions techniques.
5. Connaissez-vous le jeune homme qui (sortir) si souvent avec votre fille?
6. C'est l'unique travail qu'il (pouvoir) encore faire.
7. C'est la seule chose qui me (tenir) encore à cœur.
8. Je connais peu de femmes qui (être) aussi énergiques que ma sœur.

9. C'est malheureusement l'unique roman de cet auteur que je (connaître).
10. Ceci est la dernière lettre que j' (avoir) reçue d'elle.
11. Il n'y a personne avec qui je m'(entendre) mieux qu'avec ma sœur.
12. Y aurait-il peut-être une personne qui vous (être) plus chère désormais que moi?
13. C'est le meilleur vin rouge que j' (avoir) jamais bu.

Zum Gebrauch der Modi im adverbialen Satz siehe Übung 341 (Kapitel: Konjunktionen) und Übung 308, 309 (Kapitel: Indefinite Pronomen)

Die temporalen Hilfsverben. Der Gebrauch von »avoir« und »être«, von »aller faire qc.«, »être en train de faire qc.«, »venir de faire qc.«

67 *Setzen Sie nachstehende Sätze ins Perfekt. Bei den mit »être« konjugierten Verben muß auf die Veränderlichkeit der Partizipien geachtet werden. Übersetzen Sie die Beispiele ins Deutsche:*

1. Les garçons nagent longtemps.
2. Nous marchons quatre heures à travers la forêt.
3. Nous montons au grenier.
4. La dame monte dans un compartiment vide.
5. J'ai mal à la gorge.
6. Elle est très fière de ce compliment.
7. A quelle heure est-ce que maman arrive?
8. Le chien saute sur le facteur.
9. Nous n'entrons pas dans l'église.
10. Les enfants rentrent à midi.
11. Restes-tu encore un peu à la maison?
12. La vieille dame trébuche (stolpert) et tombe.
13. Nous partons à trois heures du matin.
14. Quand partez-vous, monsieur?
15. Marguerite descend chercher du vin à la cave.
16. Le chauffeur de taxi monte nos valises au troisième étage.
17. Quand retournez-vous en Allemagne?
18. Elle descend l'escalier.
19. Nous montons l'escalier.
20. Pierre et Bernard ne viennent plus.
21. Ma sœur sort trop souvent.
22. Ils vont au cinéma.
23. Pourquoi est-ce que tu cours comme ça?

68 *Übersetzen Sie:*

1. Wir sind nach Paris gefahren. (aller)
2. Meine Eltern sind ausgegangen.
3. Du bist gestern spät heimgekommen.
4. Wir sind 5 Stunden lang gelaufen. (marcher)
5. Sie sind zu Fuß in die Kirche gegangen. (aller à pied)
6. Bist du schon in der Schweiz gewesen? (mit aller)
7. Mein Bruder ist von der Leiter gefallen.
8. Der Dieb ist aus dem Fenster gesprungen.
9. Er ist auf einen Baum gestiegen. (grimper)
10. Ich habe Ihren Koffer schon hinuntergetragen. (descendre)
11. Unsere Kusine ist gestern abgefahren.
12. Ich bin viel in Frankreich herumgereist. (voyager)
13. Die Kinder sind noch nicht aus der Schule zurück(gekehrt).
14. Wir sind nicht mehr lange in der Bar geblieben.

69 *Übersetzen Sie mit Hilfe von »aller faire qc.«, »venir de faire qc.«, »être en train de faire qc.«:*

1. Wir werden (wollen) zuerst die 4. Lektion wiederholen.
2. Es ist kalt, ich werde die Fenster zumachen.
3. Es ist schon spät; Papa wird böse sein.
4. Vergiß deinen Schirm nicht, es wird bald regnen.
5. Schade! Das Konzert ist gerade zu Ende (se terminer).
6. Ich habe gerade erfahren (apprendre), daß es Hans besser geht.
7. Ich war gerade aufgestanden (se lever), als er gekommen ist.
8. Stört Papa nicht! Er arbeitet gerade.
9. Kommt bitte später noch mal! Wir essen gerade zu Abend.

70 *Setzen Sie ins Perfekt:*

1. Une limousine s'arrête devant la mairie et une ravissante fille en descend.
2. Quand partez-vous, monsieur?
3. Je voyage souvent pour affaires dans votre beau pays.
4. Quand la nuit vient, nous revenons bredouille.
5. Nous n'entrons jamais dans le bureau de papa en son absence.
6. Louis XIII succède à Henri IV.
7. L'inconnu remonte à cheval et s'enfuit au galop.
8. La petite trottine gentiment derrière nous.
9. Les vacances passent trop vite cette fois.

10. Nous passons souvent nos vacances dans notre maison de campagne
11. Ils passent déjà sur le quai.
12. Quelques soldats passent la rivière à gué.
13. Le cambrioleur pénètre dans la villa sans être vu.
14. Sur ce, il sort une pièce de 10 francs de sa poche et la jette sur le comptoir.
15. Ma sœur sort assez souvent avec lui.
16. Quand elle m'aperçoit, elle descend tout de suite de l'escabeau.
17. Le garçon descend déjà des chaises au jardin.
18. Je n'arrive jamais en retard.
19. Ma montre retarde (avance).
20. L'eau monte sans cesse et l'angoisse s'accroît parmi les sinistrés.
21. Je ne parviens pas à le convaincre de la véracité de nos arguments.
22. Depuis huit jours les cours baissent continuellement.
23. Pendant huit heures il marche toujours droit devant lui et enfin arrive dans une oasis.
24. Christine ne rentre pas pour le déjeuner.
25. Elle ne demeure plus longtemps.
26. Elle demeure rue de la Victoire.

71   *Übersetzen Sie:*

1. Ich bin früher auch viel Schlittschuh gelaufen.
2. Hans ist vom Pferd gefallen und hat sich den Fuß verstaucht.
3. Meine Eltern sind noch nicht von Italien zurück(gekehrt).
4. Hans soll (il paraît que) in Amerika sehr reich geworden sein.
5. Damals sind viele Europäer, von Goldgier (la soif de l'or) getrieben, nach Alaska ausgewandert.
6. Großvater ist heute nacht gestorben.
7. Viele Tulpen sind heute aufgeblüht.
8. Plötzlich ist mir die Idee gekommen, meinen alten Schulkameraden Peter Laforêt aufzusuchen.
9. Da sich nichts rührte, bin ich leise die Treppe hinaufgegangen und in das Zimmer gegenüber der Treppe eingetreten.
10. Nach seinem Tode ist mir die Erbschaft zugefallen.
11. Sie war bei diesen Worten blaß geworden.
12. Viele der Inselbewohner sind in den Fluten umgekommen.
13. Diese Nachricht hat ihn zu spät erreicht.
14. Die Familie Simprot ist schon vor einem Jahr hier ausgezogen.
15. Der Ball ist aufs Dach gesprungen.

16. Das kleine Mädchen ist vor Freude hin- und hergehüpft. (gambader)
17. Nachdem er drei Stunden in der Stadt umhergeirrt war (mit Infinitiv), fand er endlich die Straße wieder, wo er sein Auto geparkt hatte.
18. Dieser Mann ist uns vom Rathaus bis hierher gefolgt.
19. Eine halbe Stunde nachdem er heimgekehrt war (mit Infinitiv), ist er schon wieder mit Freunden ausgegangen.
20. In jener Nacht sind seine Haare weiß geworden.
21. Das Buch ist erst 20 Jahre nach seinem Tode erschienen.
22. Mutter ist nach ihrem Rückfall sehr schnell genesen.
23. Mein Vater ist völlig von seinem Leiden geheilt.
24. Wie schade! Der ganze Schnee ist über Nacht geschmolzen.
25. Als wir morgens aus dem Haus kamen, war der ganze Schnee schon geschmolzen.

Wechselnder Gebrauch von »avoir« und »être« bei manchen Verben, einige Verben, die vom Deutschen her leicht falsch konjugiert werden und die Komposita von »venir«

72 *Setzen Sie das erforderliche Hilfsverb (wo nicht anders angegeben, im Präsens) ein, verändern Sie, wo erforderlich, die Partizipien **und** übersetzen Sie ins Deutsche:*

1. Hélas! le temps heureux de leur premier amour . . . . . passé . trop vite!
2. Heureusement ces temps-là . . . . . définitivement passé . !
3. Cette année nous ne . . . . . pas passé . par Wiesbaden.
4. Elle . . . . . passé . tout près de moi sans me reconnaître.
5. Après cela on . . . . . tout de suite passé . à l'ordre du jour.
6. Cela lui . . . . . passé par la tête.
7. Ce film . . . . . passé . en version sous-titrée dans le cinéma à côté de chez nous.
8. Vous arrivez trop tard! La reine . . . . . déjà passé . par ìci.
9. L'autobus m'. . . . . passé . devant le nez.
10. La prévenue n'. . . . . pas comparu . devant le tribunal.
11. Les héritiers . . . . . convenu . de vendre la maison.
12. Cette proposition m'. . . . . mieux convenu . .
13. De nouvelles difficultés . . . . . survenu . .
14. Est-ce que vous n'. . . . . pas prévenu . votre collègue?
15. Les pompiers ne . . . . . pas tout de suite parvenu . au lieu de l'incendie, car une grande foule . . . . . (Imperfekt) accouru . pour observer les travaux de sauvetage.

43

16. Il . . . . . succombé . au charme de cette femme.

17. Cette nuit mon père défunt m'. . . . . apparu en rêve.

18. Vous . . . . . contrevenu . à l'article 2 du code de la route.

19. Deux ouvriers métallurgistes . . . . . procédé . tout seuls à cette expérience difficile.

Die Veränderlichkeit des Partizip Perfekt der mit »avoir« konjugierten Verben

73 *Ersetzen Sie das direkte Objekt durch das entsprechende Personalpronomen und verändern Sie, wo nötig, das Partizip:*

1. J'ai déjà vu cet homme.
2. Nous avons rendu les livres à notre professeur.
3. Maman a trop gâté Christine.
4. Nous avons rencontré Pierre et Paul au concert.
5. J'avais déjà cherché mes lunettes.
6. Je n'ai pas retrouvé la clé.

74 *Unterstreichen Sie die direkten Objekte und verändern Sie, wo erforderlich, die Partizipien:*

1. Où est-ce que je vous ai déjà vu . , mademoiselle?
2. Marie, maman t'a appelé . .
3. Pierre, tu n'as pas encore fait . tes devoirs.
4. Ils nous ont vu . , mais ils ne nous ont pas reconnu . .
5. Pauline, tu es rentrée tard, hier soir, je t'ai entendu . .
6. Je n'ai pas ce livre. Je l'ai prêté . à mon ami.
7. As-tu encore la clé? – Non, je l'ai donné . à maman.
8. Maman a déshabillé . , lavé . et couché . les petits.
9. J'ai chanté . cette vieille chanson française que nous chantons souvent à l'école. Maman l'a trouvé . très jolie.
10. Je suis la plus jeune de nous trois, papa et maman m'ont donc assez gâté . .
11. Nous n'avons plus cette propriété. Mes parents l'ont vendu . .
12. Mes grands-parents ne vivent malheureusement plus. Je les ai tellement aimé . .

75 *Formen Sie folgende Sätze zu Relativsätzen um, indem Sie mit dem kursiv gedruckten Satzteil beginnen, und verändern Sie, wo erforderlich, die Partizipien:*

z. B. J'ai lu *le livre;* il était très captivant.

Le livre que j'ai lu était très captivant.

1. J'ai lu *les romans;* ils étaient très intéressants.
2. J'ai perdu *la montre;* elle était en or.
3. Il a acheté *la maison;* elle se trouve près de Munich.
4. Nous avons surveillé *les enfants;* ils étaient très sages.
5. J'ai mangé *les gâteaux;* ils étaient délicieux.

76 *Formen Sie folgende Sätze mit Hilfe von quel, quelle, quels, quelles bzw.*
combien de zu Fragesätzen um und verändern Sie, wo erforderlich, die
Partizipien:

1. Tu as perdu ton sac brun.
2. Il a oublié ses livres de français.
3. Elle a mangé beaucoup de cerises.
4. Mon frère a perdu beaucoup d'argent.
5. Elle a mis sa robe rouge.
6. Vous avez acheté les jolis gants bleus.
7. J'ai déjà mangé trois pommes.
8. Vous avez regardé les photos de vacances.

Das reflexive Verb (le verbe pronominal)

77 *Konjugieren Sie im Präsens:*
se laver les mains
se lever tôt
se salir toujours
se sentir malade
s'endormir vite
s'étendre sur l'herbe
se couvrir de vêtements chauds
se faire des soucis

78 *Setzen Sie ins Perfekt:*

1. Il se lève tôt.
2. Je m'habille très vite.
3. Elle s'achète de jolis gants.
4. Ils se racontent des anecdotes.

79 *Setzen Sie in die Frageform mit Inversion und mit Umschreibung:*

1. Elles s'en vont déjà.
2. Il s'est moqué de toi.

3. Vous vous êtes trompé, monsieur.
4. Il se lève déjà.
5. Tu te réjouis de tes vacances.

80 *Setzen Sie in die verneinte Form:*

1. Je me rase tous les jours.
2. Il se moque de toi.
3. Il s'est trompé.
4. Elle s'est cassé la jambe.
5. Elles se sont dit bonjour.
6. S'est-il marié?
7. Ils se disputent souvent.

81 *Setzen Sie in alle Formen des verneinten Imperativs:*

se lever si tôt
se disputer avec Pierre
s'inquiéter trop
se décourager si vite

82 *Setzen Sie in alle Formen des bejahten Imperativs:*

se rhabiller vite
s'essuyer avec une serviette propre
se laver avec du savon
se coucher très tôt

83 *Setzen Sie in den verneinten und bejahten Imperativ:*

tu te lèves
vous vous dépêchez
vous vous cachez
nous nous en allons
vous vous en allez
tu t'en vas
tu te baignes

84 *Setzen Sie ins Perfekt:*

1. Il se lève et va à la porte.
2. Je m'habille et cours au jardin.
3. Il se rase et se donne un coup de peigne.
4. Il se coupe un morceau de pain et le mange.
5. Je me lève et ferme la porte.

85 *Konjugieren Sie im Präsens und im Perfekt und übersetzen Sie:*

s'en aller déjà   ne pas s'y attendre
s'en réjouir beaucoup   s'en repentir bientôt
s'endormir très vite   s'y entendre à merveille
s'enfuir au galop   ne pas s'en souvenir
s'en apercevoir tout de suite   s'y connaître très bien

86 *Setzen Sie die Verben in die angegebene Zeit:*

1. (se souvenir – Perf.): Est-ce qu'il . . . . . de ce que je lui avais dit?
2. (se coucher – passé antérieur): Dès que je . . . . . l'orage éclata.
3. (se taire – Kond. II): Moi, à ta place, je . . . . .
4. (se réveiller – Perfekt): Quand est-ce qu'il . . . . . ce matin?
5. (se réjouir – Kond. II): Moi, je . . . . . de ta venue.
6. (se blesser – Plusqu.): Il . . . . . au genou.
7. (ne pas se permettre – Kond. II): Nous, nous . . . . . de parler ainsi à nos parents.
8. (ne pas se laver – Perf.): Je crois que tu . . . . . la figure.
9. (ne pas se plaire – Kond. II): Papa et maman . . . . . ici.
10. (se promettre – Plusqu.): Nous . . . . . d'obtenir des résultats plus précis de cette enquête.
11. (se répandre – Perf.): L'incendie . . . . . avec une rapidité incroyable.

87 *Geben Sie mit einer Reflexivkonstruktion wieder:*

1. On comprend cela facilement.
2. On voit cela souvent.
3. On lit ces romans très vite.
4. On ne dit pas cela.
5. On reconnaissait facilement sa silhouette.
6. On arrangera cela certainement.
7. De ce virage on voit déjà notre maison.

88 *Verstärken Sie die reziprok gebrauchten Verben durch die entsprechenden Formen von »l'un l'autre« bzw. »l'un à l'autre«:*

1. Pierre et Paul se sont souri . . . . .
2. Les jeunes gens de notre rue se connaissent tous . . . . .
3. En ce temps-là tous les habitants du village se sont secourus . . . . .
4. Par leurs indiscrétions les deux jeunes filles se sont nui . . . . .
5. Toutes les élèves de notre classe se prêtent leurs livres . . . . .

89 *Übersetzen Sie mit den Verben aus der Übung 85:*

1. Ich freue mich sehr darüber.
2. Ich war nicht darauf gefaßt.
3. Du wirst es noch bereuen.
4. Ich habe es nicht gemerkt.
5. Er versteht sich darauf.
6. Warum geht ihr schon weg?
7. Man wird sich noch lange daran erinnern.
8. Ich verstehe nichts davon.

90 *Allgemeine Übersetzungsübung:*

1. Plötzlich hielt er in seiner Arbeit inne und schaute zum Fenster hinaus.
2. Zwei Gefangene sind aus dem Stadtgefängnis ausgebrochen.
3. Meine Eltern sind aus Schlesien geflohen.
4. Erinnerst du dich noch an dieses Bilderbuch? (mit »se souvenir« und mit »se rappeler«)
5. Erinnerst du dich noch daran? (nämlich an das Buch, auch mit beiden Verben)
6. Erinnerst du dich noch an Jean Lenoir? (mit beiden Verben)
7. Erinnerst du dich noch an ihn?
8. Man kann sich auf diesen Mann nicht verlassen.
9. Das Feuer ist ausgegangen.
10. Ich habe es nicht ahnen können.
11. Schweigt doch endlich!
12. Er hat sich nichts aus meinen Vorwürfen gemacht.
13. Was, rief er aus, du kennst Pierre Lesinge?
14. Bewegt euch einen Moment lang nicht, ich will ein Photo machen!
15. Unsere Geschwindigkeit hat sich schon verringert.
16. Sein Zustand hat sich seit gestern noch verschlimmert.
17. Schämst du dich nicht, uns solche Lügen aufzutischen!
18. Ich habe mich nur acht Tage in Bordeaux aufgehalten!
19. Beruhigen Sie sich! Das kommt bald wieder in Ordnung!
20. Es schickt sich nicht, daß du sie noch so spät abends aufsuchst.
21. Plötzlich ging die Tür auf.

Der Wechsel von transitivem Verb zu reflexivem Verb. Im Deutschen entsprechen oft intransitive Verben den französischen reflexiven Verben

91 *Übersetzen Sie:*

1. Die Mutter hat die Kinder gewaschen.
2. Ich habe mich gewaschen. Ich habe mir die Füße gewaschen.
3. Ich werde dich frisieren (mit futur proche). Sie frisiert sich.
4. Ich werde die Kinder um 5 Uhr wecken.
5. Ich bin um Mitternacht aufgewacht.
6. Die Reise hat meine Mutter ermüdet.
7. Meine Schwester wird seit ihrer Krankheit leicht müde.
8. Ich werde Großvater im Wagen spazierenfahren (promener en voiture).
9. Sie ist mit ihm spazierengegangen.
10. Großvater geht oft im Park spazieren.
11. Wir nennen meinen kleinen Bruder Toto, aber er heißt Theodor.
12. Sie hat ihren Mann betrogen. (tromper)
13. Sie irren sich, mein Fräulein! Sie haben sich geirrt, mein Fräulein!
14. Ich habe mich in ihm (sur son compte) geirrt.
15. Leiht eurem Freund das Buch!
16. Wir leihen uns die Bücher gegenseitig (l'un à l'autre).
17. Ich habe Peter nicht getroffen.
18. Peter war auch im Konzert, aber wir haben uns nicht getroffen.
19. Ich habe Hans an sein Versprechen erinnert (rappeler qc. à qn).
20. Sie hat sich nicht an ihr Versprechen erinnert (se rappeler qc.).
21. Man hat die Kätzchen gestern ertränkt.
22. In diesem See sind schon viele Leute ertrunken.

92 *Verschiedene Bedeutung bei reflexivem und nicht reflexivem Gebrauch der Verben. Übersetzen Sie ins Deutsche:*

1. a) Je lui ai proposé de faire une cure à Vichy.
   b) Je me suis proposé de faire mes études à Madrid pendant une année.
   c) Voici l'adresse de la jeune fille qui se propose comme bonne à tout faire.
2. a) Les deux voleurs d'automobiles ont pu être arrêtés.
   b) Le train ne s'arrête pas à Bourges.
   c) L'orateur s'arrêtait dans son discours chaque fois que des retardataires entraient.

3. a) Personne ne nous attendait à la gare.
   b) Nous ne nous étions pas attendus à une facture si élevée.
   c) Je ne m'étais pas du tout attendu à une nouvelle si terrible.
4. a) Il a adressé des paroles touchantes aux orphelins.
   b) Adressez-vous à mon collègue, M. Simon!
5. a) Ne mêlez pas votre frère à cette affaire.
   b) Ne vous mêlez pas d'affaires qui ne vous regardent pas!
6. a) Il aperçoit soudain des traces dans le sable.
   b) Elle s'est tout de suite aperçue du piège.
7. a) Je n'entends rien à la musique moderne.
   b) Je ne m'entends pas très bien avec mon frère.
   c) Oui, il s'entend bien à nouer des intrigues!
8. a) Imaginez ma surprise!
   b) S'imagine-t-elle peut-être que son père soit millionnaire?
9. a) Le directeur a fait M. Dupont chef de section.
   b) Jean veut absolument se faire pilote.
10. a) Ces gens sont à plaindre.
    b) Elle se plaint depuis longtemps de maux d'estomac.
    c) Il s'est plaint du bruit que vous avez fait hier.
11. a) On a beaucoup vanté son style soigné.
    b) Il s'est vanté devant tout le monde de ses aventures avec les femmes.
12. a) Il m'a promis une nouvelle robe.
    b) Je m'étais promis plus de ce voyage.
13. a) Il nous a renseignés sur les conditions de vente.
    b) Je me suis renseigné sur toutes les possibilités de passer un séjour payant en France.

93 *Setzen Sie jeweils die zur Wahl stehenden Verben richtig in die Sätze ein:*

1. tourner ou se tourner
   a) (Perfekt) Le vent . . . . ., il fera certainement meilleur demain.
   b) (Präsens) La petite roue ne . . . . . plus.
   c) (Perfekt) Il . . . . . vers moi et m'a toisé d'un regard dédaigneux.
   d) (Perfekt) Les choses . . . . . mal.
2. approcher ou s'approcher
   a) Le jour de l'examen . . . . . Il faut que je me mette à travailler sérieusement.
   b) (Perf.) Un homme . . . . . de nous en courant et en nous faisant des signes.

c) (Imperativ) ..... mesdames, mesdemoiselles, messieurs. Vous ne verrez pas tous les jours ce que Maître Pipot va vous montrer.
3. remuer ou se remuer
   a) Il faut que je ..... si je veux faire mon ménage en 3 heures.
   b) (Imperfekt) Pas un souffle dans l'air, rien ne .....
4. changer ou se changer
   a) Je n'ai malheureusement pas eu le temps de ..... avant de partir.
   b) (Perf.) La situation ..... depuis.
   c) (Perf.) Quand Jean est venu, notre gaîté ..... en niaiserie.
5. confesser ou se confesser
   a) Comme je les détestais, ces samedis après-midi, où il fallait aller ....!
   b) (Passé antérieur) Lorsqu'il ..... sa faute, il se sentit soulagé.
   c) Je dois ..... de ce péché.
6. décider ou se décider
   a) (Perf.) Nous ..... de partir aujourd'hui.
   b) (Perf.) Nous ..... à vendre l'usine.

Reflexive Verben im Französischen – nicht reflexive Verben im Deutschen, und umgekehrt

94 *Übersetzen Sie:*

1. Er hat uns zum Besten gehalten.
2. Er hat diese unbedachte Antwort sehr bereut (mit se repentir).
3. Ich möchte diese Zeitschrift gern abonnieren.
4. Die Krankheit bricht meist erst 14 Tage nach der Ansteckung aus.
5. Ich habe überhaupt nicht gemerkt, daß sie einen Akzent hat.
6. Wir müssen Sie bitten, sich in dieser Angelegenheit noch etwas zu gedulden.
7. Dieser Mensch gibt mit seinen Titeln an!
8. Unter der neuen Regierung hat sich die wirtschaftliche Lage immer weiter verschlimmert.
9. Meine Freundin hat gestern geheiratet.
10. Meine Schwester hat sich von Hans scheiden lassen.
11. Hans hat sich um die freie Stelle bei Dupont et Frères beworben.
12. Lassen Sie den Mut nicht sinken!
13. Mein Bruder trainiert schon für die Schwimm-Meisterschaft.
14. Mehr als drei Monate waren seit dieser seltsamen Begegnung verstrichen.

15. In A. hat eine Gruppe von Studenten gegen die jüngsten Maßnahmen der Regierung revoltiert.
16. Die Baulandpreise haben sich teilweise gegenüber 1945 verzehnfacht.

95 *Analysieren Sie in den folgenden Sätzen die Reflexivpronomen und setzen Sie die Sätze dann ins Perfekt unter Beachtung der Veränderlichkeit der Partizipien:*

z. B. *Hélène se coiffe. Hélène coiffe – qui? elle-même. Se = objet direct, féminin, singulier. Hélène s'est coiffée.*
Oder: *Hélène s'achète des gants. Hélène achète des gants – à qui? à elle-même. Se = objet indirect, f.s. Hélène s'est acheté des gants.*

1. Mon père se rase tous les jours.
2. Mon père se coupe un morceau de pain.
3. Les petits se lavent les pieds.
4. Ma sœur s'habille très vite.
5. Je me lave avec de l'eau et du savon.
6. Les garçons se baignent dans la rivière.

96 *Reflexive Verben mit reziprokem Sinn. Die gleiche Übung wie oben:*
z. B. *Pierre et Jean se regardent. Pierre regarde Jean, et Jean regarde Pierre. Se = objet direct, m.pl. Pierre et Jean se sont regardés.*
Oder: *Pierre et Jean se serrent la main. Pierre serre la main à Jean et Jean serre la main a Pierre. Se = objet indirect, m.pl. Pierre et Jean se sont serré la main.*

1. Mon ami et moi, nous nous voyons souvent.
2. Ma sœur et son amie anglaise s'écrivent souvent.
3. Mon frère et moi, nous nous corrigeons mutuellement nos devoirs.
4. Les deux sœurs ne se saluent plus.

Veränderlichkeit des Partizip Perfekt bei reflexiven Verben

97 *Stellen Sie in den folgenden Beispielen die Funktion des Reflexivpronomens fest (objet direct, objet indirect, sans fonction grammaticale) und setzen Sie die Sätze dann ins Perfekt unter Beachtung der Veränderlichkeit der Partizipien:*

1. Les oiseaux s'envolent.
2. La maison s'écroule.
3. Jean et moi, nous nous écrivons souvent.
4. Lorsque les deux jeunes filles se reconnaissent, elles se sourient.

5. Les deux hommes se serrent la main.
6. Ma sœur s'achète beaucoup de disques.
7. Votre fille se donne beaucoup de peine.
8. Les enfants s'endorment vite.
9. Elle se coupe les cheveux elle-même.
10. Nos enfants s'entr'aident toujours.
11. Elle s'aperçoit dans la glace.
12. Elle s'aperçoit de son erreur.
13. Ma mère ne se rappelle pas cet entretien.
14. Ma mère ne se souvient plus de cet entretien.
15. Ces romans se lisent facilement.
16. Ils se moquent complètement de nos reproches.
17. Elle ne se permet pas de contredire ses parents.

Der Infinitiv (l'infinitif)

98 *Der Infinitiv nach »de« und nach »à«. Setzen Sie die richtige Präposition ein:*

1. Maman s'est enfin décidée . . . . . faire une cure à Vichy.
2. Les enfants sont dans le jardin. Ils s'amusent . . . . . chasser des papillons.
3. Cessez donc . . . . . me faire des reproches!
4. En tout cas, il faut l'empêcher . . . . . se lever.
5. Je n'ai pas réussi . . . . . convaincre Jean de notre projet.
6. Je dois d'abord aider maman . . . . . faire la vaisselle.
7. Sa femme aime . . . . . recevoir du monde, ... sortir, ... voyager, tandis que lui aimerait . . . . . passer tous ses moments de libre dans sa bibliothèque ou dans son jardin.
8. Nous dînerons à 8 heures. Tâchez . . . . . être à l'heure!
9. Dépêche-toi . . . . . te lever. Il est déjà huit heures et demie.
10. Cette réplique m'a donné . . . . . penser.
11. Elle avait tellement souhaité . . . . . recevoir une lettre de toi.
12. Sur ce, il a renoncé . . . . . poser d'autres questions.
13. Nous avons décidé . . . . . passer les vacances de Noël auprès de mes beaux-parents.
14. Il cherche toujours . . . . . nous tendre des pièges.
15. Si tu veux, je t'apprendrai . . . . . danser.
16. J'essaierai . . . . . vous rejoindre.
17. Le gouvernement a invité son délégué . . . . . regagner la capitale.

18. Avec ses questions agaçantes il m'a provoqué . . . . . dire ce mensonge.
19. Il va bientôt commencer . . . . . pleuvoir. Hâtons-nous . . . . . aller à la gare.
20. J'aimerais mieux rester à la maison et lire un peu que . . . . . aller à ce bal.
21. Il s'agit maintenant . . . . . prendre des mesures préventives.
22. Dans la première leçon je leur ai appris . . . . . prononcer correctement quelques petites phrases.
23. N'oubliez pas . . . . . le lui dire!
24. Je préfère, moi, ne pas partir en vacances du tout plutôt que . . . . . faire du camping.
25. Il s'est bien étonné . . . . . m'entendre dire cela.
26. Nanette, aide-moi! Je n'arrive pas . . . . . défaire ce nœud.
27. Comme il a commencé . . . . . pleuvoir, je suis vite rentré fermer les fenêtres.
28. Je lui ai donné mon poste de radio . . . . . réparer.
29. Le brave guide s'est borné . . . . . mentionner les noms des monuments et . . . . . grommeler quelques dates.
30. Evitez . . . . . inquiéter le malade.
31. Un moment je crus m'être trompé et pensai déjà . . . . . rebrousser chemin. Mais heureusement je découvris alors dans la neige les empreintes que j'y avais laissées deux heures auparavant.
32. Papa nous a interdit (défendu) . . . . . les inviter.
33. On ne l'avait pas autorisé . . . . . signer cette lettre.
34. Ma sœur penche un peu . . . . . voir tout en noir.
35. Ce matin, il ne parlait pas encore . . . . . nous quitter si tôt.
36. Je n'ai pas pu laver la vaisselle, car Paul est venu me demander . . . . . l'aider . . . . . faire ses devoirs.
37. Les trois garçons étaient parvenus . . . . . passer inaperçus.
38. Je ne me souviens pas . . . . . vous avoir promis cela.
39. Nous avons carrément refusé . . . . . l'accueillir chez nous.
40. Le docteur m'a conseillé . . . . . passer mes vacances en montagne.
41. Papa ne consentira peut-être pas . . . . . rester encore une semaine.
42. Demandez à Mademoiselle Suplin . . . . . vous remettre la clé.
43. Elle ne m'a jamais pardonné . . . . . avoir épousé sa sœur.
44. A la fin de cet entretien, nous nous sommes engagés . . . . . ne pas encore en parler aux autres.
45. Il trouvera bien . . . . . s'en venger.
46. Ma fille s'obstine . . . . . épouser ce garçon.

47. Ah ce garçon! Il tarde bien . . . . . venir!
48. Moi, je ne me contenterais pas . . . . . protester!
49. Excuse-moi . . . . . t'avoir réveillée, mais j'ai besoin des ciseaux.
50. Je crois qu'elle se plaît . . . . . faire toujours le contraire de ce qu'on lui demande.
51. J'ai renoncé heureusement . . . . . lui dire ce que j'en pensais.
52. Parlez plus bas, si vous ne voulez pas risquer . . . . . être entendu.
53. Je ne t'ai pas dit . . . . . le faire toute seule.
54. Il a fait semblant . . . . . ne pas me connaître.
55. Est-ce que vous avez encouragé Germaine . . . . . solliciter cet emploi?
56. Tiens, il faut que je pense . . . . . te rendre la clé.
57. Je désespérais déjà . . . . . trouver encore une bonne secrétaire.
58. Tout mon travail consiste . . . . . accueillir les clients et . . . . . m'occuper un peu d'eux.
59. Je m'étais heureusement abstenu . . . . . lui envoyer une copie.
60. Je jure . . . . . ne rien lui en dire.
61. Je crois que M. Lebrun aspire . . . . . vous succéder.
62. Elle acheva . . . . . lire la lettre, la rendit et me regarda d'un œil sévère.
63. Je m'apprêtais déjà . . . . . partir, lorsque le chef m'a fait revenir.
64. Je n'ai vraiment pas envie . . . . . passer tous mes dimanches . . . . . corriger vos compositions.
65. Elle ne s'est pas rappelé avoir promis . . . . . venir.
66. Vous persistez donc . . . . . lui en parler?
67. Il avait hésité longtemps . . . . . le lui écrire.
68. Ne jette pas ces petits bouts de bois! Ils peuvent encore me servir . . . . . faire des jouets pour les enfants.
69. On me reproche . . . . . être à trois reprises arrivé trop tard.
70. Pourriez-vous rester encore dix minutes? J'aurais encore deux lettres . . . . . vous dicter.
71. Mon mari et moi tenons . . . . . vous remercier très vivement . . . . . avoir si gentiment accueilli nos enfants.

99 *Infinitiv nach unpersönlichen Ausdrücken. Setzen Sie die richtige Präposition ein:*

1. Après cette longue marche, il fera bon . . . . . prendre un bain et . . . . . se mettre au lit.
2. Il m'arrive aussi . . . . . me tromper.
3. Il ne nous reste que quelques pas . . . . . faire.

4. Il y aurait mauvaise grâce . . . . . lui refuser ce service.

5. Il n'est pas nécessaire . . . . . leur répondre tout de suite.

6. Il importe . . . . . indiquer le numéro d'enregistrement.

7. Il serait bon . . . . . toujours répéter ce qu'on a appris la veille.

8. Mieux vaudrait le faire tout de suite que . . . . . attendre jusqu'à ce soir.

100 *Infinitiv nach Adjektiven. Setzen Sie »à« oder »de« ein:*

1. Ce tableau serait facile . . . . . imiter.

2. Mon frère serait capable . . . . . le faire.

3. Qu'il est lent . . . . . répondre!

4. Je suis content . . . . . partir ce soir.

5. Elle n'était pas fâchée . . . . . rester à la maison.

6. Je suis charmé . . . . . vous voir ici.

7. Cet enfant est habitué . . . . . être battu pour un rien.

8. Je suis las . . . . . vous expliquer toujours les mêmes choses.

9. Etes-vous prêts . . . . . partir?

10. On vit tout de suite qu'il était près . . . . . mourir.

11. Je suis curieux . . . . . la voir danser.

101 *Infinitiv nach Substantiven. Setzen Sie »à« oder »de« ein:*

1. J'ai envie . . . . . partir.

2. Avez-vous maintenant le temps . . . . . me l'expliquer?

3. Il y avait plusieurs modèles de machines . . . . . coudre.

4. Il a l'art . . . . . bien dire les choses les plus banales.

5. Mon fer . . . . . repasser ne marche plus.

6. Quel honneur . . . . . vous voir ici!

102 *Infinitiv nach anderen Präpositionen. Setzen Sie statt des kursiv gedruckten Substantivs einen Infinitiv mit dem in Klammern angegebenen Verb:*

1. Avant *la promenade*, j'ai fait mes devoirs. (aller se promener)

2. Après *le déjeuner*, tu pourras aller jouer. (déjeuner)

3. Avant *mon départ*, je suis allé dire au revoir à Tante Louise. (partir)

4. Avant *notre entretien* avec cet ingénieur, nous avons cru que notre projet serait réalisable. (s'entretenir)

5. Après *une longue marche*, je suis rentré et me suis couché. (marcher)

103 *Verwandeln Sie die adverbialen Nebensätze in Infinitivkonstruktionen:*

1. Tu ne partiras pas, si tu n'as pas mangé.

2. J'ai décroché le tableau pour que je puisse le regarder de plus près.

3. Il travaille beaucoup afin qu'il obtienne cette bourse.
4. J'ai copié le texte quoique je ne l'aie pas compris.
5. Il est très malade bien qu'il n'en ait pas l'air.
6. Il est parti sans qu'il ait donné de raison.
7. Elle a eu une gifle, parce qu'elle a menti à papa.

104 *Ersetzen Sie den Nebensatz durch eine Infinitivkonstruktion:*

1. Je croyais que je m'étais trompé.
2. Quand il eut mangé, il alla se coucher.
3. Quand tu auras fait tes devoirs, tu m'aideras à faire la vaisselle.
4. Il faut que nous partions maintenant.
5. J'ai défendu que tu fumes.
6. Il a demandé qu'elle l'accompagne.
7. Il se détourne pour qu'il n'éclate pas de rire.
8. Elle portait toujours des lunettes de soleil de crainte (de peur) qu'on ne la reconnût. (mit Infinitiv Passiv)
9. Parlez de façon qu'on puisse vous comprendre (mit Infinitiv Passiv oder mit einer Reflexivkonstruktion).
10. Elle s'amuse alors qu'elle devrait travailler.
11. Si cela ne vous dérange pas, je viendrai pour une heure ou deux.

105 *Infinitiv als Hauptverb. Übersetzen Sie und geben Sie dabei die kursiv gedruckten Sätze mit einer Konstruktion wieder, in der ein Infinitiv Hauptverb ist.*

1. Dieses Restaurant ist heute geschlossen. *Wo sollen wir jetzt hingehen?*
2. Ich habe meinen Schlüssel vergessen. *Was soll ich jetzt machen?*
3. Ich wußte nicht mehr, *wohin ich schauen sollte.*
4. Er muß es erfahren! *Aber wie es ihm sagen?*
5. Was! *Ich sollte Angst vor ihm haben!*
6. Lächerlich! *Wir sollten ihm sagen, daß er kommen soll!*
7. Vorsicht, Strudel! *Hier nicht baden!*
8. *Schritt fahren!*

106 *Infinitiv als Subjekt. Übersetzen Sie jeweils*
    a) mit dem reinen Infinitiv als Subjekt
    b) mit vorangehendem unpersönlichem Ausdruck und nachfolgendem Infinitiv:

1. Seine Befehle nicht auszuführen, wäre gefährlich.
2. Immer so spät ins Bett zu gehen, ist unvernünftig.

3. Dir die anderen 500 frs zurückzugeben, ist mir leider noch nicht möglich.

4. Mir vor aller Welt zu sagen, daß ich ein Dummkopf sei, war immerhin nicht fein von ihm.

107 *Gallizismen mit Infinitiv. Übersetzen Sie folgende Sätze ins Deutsche:*

1. Avez-vous de quoi écrire?
2. Cette réponse ne laissa pas de m'étonner.
3. Si vous venez à passer devant l'Opéra, vous pourriez me faire retenir une place.
4. Ils eurent beau chercher partout, ils ne retrouvèrent pas la bague.
5. Il fit semblant de ne pas me connaître.
6. Si vous n'êtes pas à même de venir, prévenez-nous!
7. Attendez encore un peu. Le docteur ne va pas tarder à venir.
8. Il lui tardait de revoir ses parents et sa patrie.
9. Je ne peux pas discuter maintenant avec vous. Vous voyez que je suis sur le point de partir.
10. Il se fait gloire de n'avoir jamais redoublé une classe.
11. Il se fait fort de sauter une classe.
12. En rentrant, il prit garde de ne pas réveiller les enfants.
13. Le pauvre type! Il n'est besoin que de le voir, pour savoir qu'il est perdu.
14. Il n'y a qu'à voir Mademoiselle Dupont. Elle n'est jamais fatiguée.
15. Toi, grimper à cet arbre? Je te défie de le faire.
16. A le voir on ne croirait pas qu'il est si malade.

108 *Wechselnder Gebrauch von »à« und »de« bei einigen Verben. Setzen Sie die fehlenden Präpositionen ein:*

1. Papa a décidé maman . . . . . faire une cure à Bad-Gastein.
2. Je me suis décidé . . . . . abandonner la médecine.
3. Il est fermement décidé (résolu) . . . . . réaliser ce projet en dépit de son chef.
4. M. Nigaud et moi avons résolu (décidé) . . . . . vous faire chef de section.
5. Vous me voyez résolu . . . . . demander mon congé.
6. Si vous continuez . . . . . intriguer contre la direction, je serai obligé . . . . . vous renvoyer.

7. Le médecin m'a obligé . . . . . aller me promener une heure chaque jour.
8. Il a été contraint . . . . . vendre sa belle collection de faïences.
9. A la suite de son accident il fut contraint . . . . . apprendre un autre métier.
10. Notre malade va mieux. Aujord'hui elle a déjà demandé . . . . . manger un gros bifteck.
11. Nous vous demandons . . . . . nous renvoyer les échantillons dans les moindres délais.
12. Quand je le verrai ce soir, je ne manquerai pas . . . . . le lui dire.
13. Apparamment on a manqué . . . . . prévenir à temps un autre médecin.
14. J'ai manqué . . . . . trahir notre secret.
15. Elle s'est efforcée . . . . . me cacher son chagrin.
16. Tâchez . . . . . écrire de façon lisible.
17. Malgré mon insistance le docteur s'est refusé . . . . . m'ordonner ce médicament.
18. L'employé a refusé . . . . . nous donner ce renseignement.
19. Pour ne pas risquer . . . . . lui écrire une lettre trop désagréable, je me suis refusé pendant trois semaines . . . . . lui répondre.
20. Je me suis empressé . . . . . lui dire, combien ses conseils m'avaient été précieux.
21. Elle était empressée . . . . . rendre mon séjour chez elle aussi agréable que possible.

DAS SUBSTANTIV (LE NOM)

Einleitende Übungen

109 *Bilden Sie Sätze im Präsens (wobei die Reihenfolge der Wörter unverändert bleibt):*

1. Nous, finir, le travail, nos amis.
2. Mon ami, donner, la carte, mon père.
3. Entendre, vous, le moteur, sa voiture?
4. La porte, la chambre, être ouverte.
5. Jean, montrer, son auto, son ami.
6. Je, donner, le livre, mon ami, mon frère.
7. Il, trouver, une cigarette, sa serviette.
8. Le balcon, la maison, être haut.
9. Ils, finir, l'étude, la grammaire.
10. Les arbres, notre jardin, fleurir.

110 *Übersetzen Sie:*

1. Das Zimmer der Kinder ist zu klein.
2. Er gibt das Geld seinem Onkel.
3. Nehmen Sie den Koffer Ihrer Frau!
4. Die großen Fenster der modernen Häuser sind praktisch.
5. Der Vater gibt den Brüdern die beiden Bücher.
6. Ich sehe das Dach eines großen Hauses.
7. Die beiden Kinder unserer Nachbarn sind niedlich.
8. Mein Bruder gibt meinem Vater den Wein.
9. Er trägt die Krawatte seines Vaters.
10. Geben Sie dem Kellner ein Trinkgeld!

Bildung der weiblichen Form

111 *Berichtigen Sie die eingeklammerten Substantive:*

1. Marguerite est une bonne (ami).
2. Connaissez-vous cette (veuf)?
3. Quelle est votre profession, mademoiselle? – Je suis (musicien, infirmier, pianiste).
4. Venez, et je vous présente ma (cousin).
5. N'oubliez pas, madame, que vous êtes (chrétien).
6. Qui êtes-vous? – Je suis la (patron) de cette entreprise.
7. Quelle est votre nationalité, madame? – Je suis (Français, Allemand, Italien, Autrichien, Espagnol, Belge).
8. Adressez-vous à la (caissier)!
9. Quel est le nom de votre fille? – Elle s'appelle (François).
10. Est-ce que c'est notre (voisin) qui passe là-bas? – Non, c'est la (boulanger).

112 *Finden Sie das weibliche Äquivalent zu:*

frère	homme	coq
père	mari	taureau
oncle	garçon	chat
cousin	époux	chien
grand-père	fils	lion

113 *Bilden Sie die weibliche Form:*

a)

Charles	le courtisan	le chat
Emile	le baron	le huguenot
Eugène	le paysan	le cadet
François	le gardien	le sot
Henri	le faisan	le muet
Jacques	le lycéen	le candidat
Louis	le Persan	l'idiot
Philippe	le Breton	
Yves		

b)

le menteur	l'éducateur	le serviteur
le pécheur	le générateur	le prince
l'acteur	le créateur	le Suisse
le traducteur	le duc	le speaker
le spectateur	l'hôte	le tigre
le vengeur	le canard	le tsar
le réformateur	le compagnon	le bouc
le buveur	le dieu	l'étalon
le supérieur	le maître	le mâle
le protecteur	le dindon	le parrain
le lecteur	le loup	le cerf
le mineur	le nègre	le sanglier
le danseur	le roi	le vieillard

Pluralbildung

Pluralbildung einfacher Substantive

114 *Setzen Sie das Substantiv in den Plural (sehr leichte Übung):*

1. Vois-tu la maison?
2. Montrez-moi la croix!
3. Il a levé le bras.
4. Connaissez-vous la femme?
5. Donnez-lui la noix!
6. Regarde le joli balcon!
7. Donnez-moi le bas rouge!
8. Apportez la carte, s'il vous plaît!
9. Avez-vous trouvé le livre?
10. As-tu entendu la voix?

115 *Bilden Sie die richtigen Pluralformen der eingeklammerten Wörter:*

a) Substantive auf »-al« und »-au«:

1. Dans sa jeunesse, il a vendu des (journal).
2. Les (carnaval) de Cologne sont connus.
3. Les Romains aimaient les (régal).
4. Les (chacal) sont des mammifères qui ont la taille d'un renard.
5. Apportez les (tuyau) s'il vous plaît!
6. Allons aujourd'hui à l'hippodrome. On verra cette fois de jolis (cheval).

7. La République fédérale est représentée à tous les (festival) du film à Cannes.
8. N'avalez pas les (noyau) des cerises, mes enfants!
9. Elle aime tellement les (récital) de piano!
10. Maman ne permet pas que j'aille aux deux (bal).

b) Substantive auf »-eau«, »-eu« und »œu«:
1. «Faites vos (jeu),» dit le croupier.
2. La voiture est tombée en panne; deux (pneu) ont crevé.
3. Nous vous offrons des (manteau) particulièrement avantageux.
4. Jean s'est fait prêtre. Il a prononcé ses (vœu).
5. Les (emeu) sont des (oiseau) typiques de l'Australie.
6. Nous avons invité nos (neveu), mais ils n'ont pas envie de venir.
7. Combien de (peau) a l'oignon?
8. Les (tableau) noirs dans notre institut sont beaucoup trop petits.
9. Ce peintre aime les (bleu) foncés.
10. Votre aventure est à vous faire dresser les (cheveu).

c) Substantive auf »-ail«:
1. Je ne veux pas vous ennuyer avec des (détail).
2. Je n'ai pas encore inspecté les (travail).
3. Ouvrez les deux (vantail)!
4. Voulez-vous voir mes diapositives des (vitrail) de Notre-Dame de Paris?
5. Les (éventail) japonais sont connus dans le monde entier.
6. Quels sont les plus célèbres (portail) gothiques en France?
7. On appelle (corail) l'ensemble des animaux qui construisent des récifs dans les mers chaudes.
8. Les (bail) durent au moins trois ans.
9. Les gangsters sont sortis par les (soupirail).
10. Montrez-moi ces (émail) s'il vous plaît.

d) Substantive auf »-ou«:
1. Le seau n'est pas étanche; il a trois (trou).
2. A cette saison, on entend les (hibou) dans la forêt.
3. Le petit garçon se frotta les (genou) et pleura.
4. Monsieur Dutertre cherche des (pou) sur la tête à son collègue.
5. Jacques, va mettre tes (joujou) dans le tiroir!
6. Où as-tu mis les (clou), Thérèse?
7. Qui a jeté ces (caillou)?

8. C'est une maison de (fou)!
9. Montrez-lui ces jolis (bijou)!
10. Garçon, apportez-nous des (chou) à la crème!

Besonderheiten bei der Pluralbildung

116 *Plural von Eigennamen. Berichtigen Sie – wenn nötig – die eingeklammerten Namen:*

1. Il n'y a pas de (César) dans notre peuple!
2. La maison des (Bourbon) remonte au Xe siècle.
3. Les (Hohenstaufen) ont occupé le trône allemand de 1138 à 1250.
4. Regarde ces deux (Rembrandt)!
5. J'ai acheté deux (Madone).

117 *Der Plural zusammengesetzter Substantive. Lösen Sie die Klammern auf:*

1. Nous fabriquons des (coffre-fort) où vous pouvez tranquillement placer toute votre fortune.
2. Où as-tu trouvé ces jolis (perce-neige)?
3. Les (oiseau-mouche) se nourrissent du nectar des fleurs.
4. Je peux vous recommander un bistro où l'on vend de bonnes (eau-de-vie).
5. Passez-moi les (cure-dent)!
6. Normalement, les concierges ont des (passe-partout).
7. Il y a déjà bon nombre d'écoles pour (sourd-muet).
8. Dans cette boutique, on vend de jolis (abat-jour).
9. Quels sont les (chef-d'œuvre) de ce romancier?
10. Pour le discours du président, on installera vingt (haut-parleur) autour de la place.
11. Combien de (timbre-poste) voulez-vous?
12. Prenez les (grand-route) pour aller à Marseille, cela vaut mieux!
13. Aujourd'hui, on vend les (chou-fleur) bon marché.
14. Dans une assemblée il y a toujours quelques (rabat-joie).
15. Y a-t-il encore des (ultra-royaliste) en France?

118 *Der Plural von Fremdwörtern. Lösen Sie die Klammern auf:*

1. Je vous enverrai bientôt quelques (spécimen).
2. Le livre n'est pas mauvais, mais il y a pas mal d'(erratum).
3. Donnez-moi trois crayons à bille, deux (agenda) et un calendrier.
4. Le président participera en personne à tous les (meeting).

5. Les deux expositions se sont terminées par des (déficit) considérables.
6. Envoyez-nous la facture originale avec deux (duplicata).
7. J'ai déjà trois (album) complets de ma fille.

119 *Substantive mit zwei Pluralformen. Lösen Sie die Klammern auf:*

1. Mes (aïeul maternel) sont (mort) au cours d'un accident d'avion.
2. Les (œil-de-serpent) sont des pierres précieuses.
3. Fermez les (œil)!
4. Mettez vos chevaux dans les (travail) pour que je puisse les ferrer!
5. Nos (aïeul) n'étaient pas si exigeants que nous.
6. Faites vos (travail), mes enfants!

120 *Singular und Plural mit verschiedener Bedeutung. Übersetzen Sie folgende Sätze ins Deutsche und geben Sie die Bedeutung des kursiv gedruckten Substantivs im Singular an:*

1. Maman, as-tu vu *les ciseaux* par hasard?
2. Le médecin a dit que je suis myope et qu'il me faut *des lunettes*.
3. Mon ami a ouvert un commerce d'*antiquités*.
4. Au lieu des poumons, les poissons ont des *ouïes*.
5. J'ai l'intention de faire mes *humanités* à Rome.
6. Ces *effets de commerce* ne sont pas admis à l'escompte.
7. La rencontre des ministres a permis un échange de *vues*.
8. Dans cet orchestre, il y a trop de *cuivres*.
9. Qui sera juge aux prochaines *assises*?
10. Où vas-tu pendant les *vacances*?

Substantive mit schwer erkennbarem Geschlecht und Homonyme

121 *Verändern Sie – wenn nötig – die eingeklammerten Adjektive und den unbestimmten Artikel:*

1. Regarde ces (joli) narcisses et ces (beau) chrysanthèmes!
2. Ouvrez la fenêtre, il me faut de l'air (frais)!
3. Il observait (un) fourmi qui traînait (un) moustique vers la fourmilière.
4. Pour mon bateau à voile il me faut encore (un) ancre.
5. D'où viens-tu? – J'ai été chez le dentiste qui m'a arraché (un) dent.
6. Est-ce que vous avez envie de danser (un) valse avec moi?
7. Quelle est la couleur de votre (nouveau) auto?
8. L'objet en question a la forme d'(un) hémisphère.

9. Mettez votre uniforme (vert)!
10. Je vous ai déjà raconté (ce) épisode.
11. Hier, il y a eu (un grand) incendie à Bruxelles.
12. Regardez, (un) comète!
13. Dans le foyer, il y a (un) buste énorme de Victor Hugo.

122 *Weitere Substantive mit schwer erkennbarem Geschlecht. Lösen Sie die Klammern auf und setzen Sie in die Lücken den bestimmten Artikel ein:*

1. Le travail est (un bon) antidote contre l'ennui.
2. Cet évêque est très estimé dans ..... diocèse.
3. Ces alarmes (répété) portent sur les nerfs.
4. ..... cèpe est un champignon très (apprécié).
5. Si vous ne parlez pas, mon ami, je vais vous serrer ..... vis!
6. (Ce) incident est de (mauvais) augure.
7. Enlevez ..... moustiquaire, il n'y a plus de moustiques!
8. La voiture est en panne. Je crois que ..... dynamo ne fonctionne plus.
9. Les cellules du sang et de ..... lymphe se divisent en globules rouges et globules (blanc).

123 *Zusammenfassende Übersetzung:*

1. Er ließ die Maske fallen.
2. Sie müssen einen Gehilfen einstellen!
3. Dieses Zeichen sieht aus wie eine Hieroglyphe.
4. Wenn Sie nach Indien reisen, vermeiden Sie die Monsunzeit!
5. Mariner III ist auf eine Umlaufbahn um die Erde gebracht worden.
6. Ein Wassermolekül besteht aus Wasserstoff und Sauerstoff.
7. Paris war der eindrucksvolle Höhepunkt unserer Reise.
8. Geben Sie mir bitte eine Gurke!

124 *Homonyme gleicher Herkunft mit verschiedenem Geschlecht. Verändern Sie – wenn nötig – die eingeklammerten Adjektive und setzen Sie in die Lücken den bestimmten oder unbestimmten Artikel ein:*

1. Le manteau vous irait bien, mais les manches sont trop (long).
2. De qui as-tu hérité ..... (vieux) pendule?
3. Prenez ..... vapeur si vous voulez aller de Genève à Lausanne.
4. Arrête ..... pendule, ce tic-tac m'énerve!
5. Monsieur Larpin, lisez ..... mémoire à haute voix!

6. . . . . . manœuvre du général était très habile.
7. Il ne faut pas jeter . . . . . manche après la cognée (proverbe).
8. Lorsqu'on chauffe l'eau à une température bien supérieure à cent degrés, on obtient de . . . . . vapeur (surchauffé).
9. Patron, il faut que vous employiez . . . . . deuxième manœuvre!
10. Quoi, vous ne vous rappelez plus? Mais vous avez . . . . . . mémoire faible!

125 *Homonyme verschiedener Herkunft. Wie Übung 124:*

1. Si vous voulez lire un bon roman, prenez . . . . . . livre (vert) sur le bureau!
2. Qu'est-ce que tu fais avec . . . . . vase? – Je vais y mettre des roses.
3. Apporte . . . . . poêle, je veux faire des œufs brouillés!
4. Avez-vous vu . . . . . célèbre tour de Pise?
5. La voiture s'est enfoncée dans . . . . . vase au bord du lac.
6. Quel est le cours de change de . . . . . livre sterling?
7. Allumez . . . . . poêle, il fait froid!
8. Nous allons faire . . . . . tour en montagne.

Gebrauch männlicher Substantive für weibliche Wesen und umgekehrt

126 *Übersetzen Sie:*

1. Frau Huber ist Rechtsanwältin.
2. Fräulein Herschel war die beste Verteidigerin unserer Interessen.
3. Den Nachforschungen der Polizei zufolge war eine alte Frau die Mörderin des Arztes.
4. Albert, du bist ein Schuft!
5. Rufen Sie den Rekruten!
6. Diese Autorin ist in Deutschland sehr bekannt.
7. Stellen Sie sich vor: Seine Frau ist Zeugin in diesem Prozeß!
8. Ich kenne eine Frau, die ist Ingenieurin.
9. Es gibt viel weniger Schriftstellerinnen als Schriftsteller.
10. Mein Freund, Sie sind eine mittelmäßige Ordonnanz!
11. Maria will unbedingt Richterin werden.
12. Nennen Sie mir eine bekannte Komponistin des vergangenen Jahrhunderts.
13. Der Rebell hat den Wachtposten getötet.
14. Du bist ja eine richtige Dichterin!

Das Substantiv und seine Ergänzung

127 *Setzen Sie die richtige Präposition:*

1. Les valeurs mobilières accusent une tendance . . . . . la hausse.
2. Le roi exige le respect . . . . . lois et la soumission . . . . . celles-ci.
3. Est-ce que votre salon donne sur le jardin? – Non, j'ai un appartement . . . . . le devant.
4. Cette mère exagère son amour . . . . . ses enfants.
5. La Hollande est célèbre pour ses moulins . . . . . vent.
6. J'admire votre bonté . . . . . vos élèves!
7. Ces garde-fous servent à protéger les ouvriers contre une éventuelle chute . . . . . le vide.
8. La peur . . . . . la punition le fit arrêter.
9. Je désire du papier . . . . . lettres!
10. Bien que ce soit un homme . . . . . esprit, c'est un homme . . . . . préjugés.

DAS ADJEKTIV (L'ADJECTIF)

Männliche und weibliche Form (einfache Übungen)

128 *Bilden Sie die weibliche Form:*

grand	merveilleux	furieux
bon	magnifique	français
haut	léger	allemand
petit	heureux	italien
bas	doux	fidèle
beau	jaloux	large
égal	naturel	anglais

129 *Bilden Sie die weibliche Form:*

fin	gras	malin
jeune	muet	voisin
entier	secret	fier
long	sot	vain
faux	épais	nul
vif	franc	bénin
public	doux	pâlot
favori	grec	inquiet
bigot	discret	attentif
naïf	frais	paysan

130 *Wie lautet die männliche Form?*

jaune	idiote	lourde
brune	bleue	froide
première	anglaise	lasse
gentille	longue	directe
publique	grosse	sèche
extérieure	courte	grise
supérieure	ronde	blanche

Plural häufiger Adjektive

131 *Bilden Sie den Plural folgender Adjektive (unter Beibehaltung des vorgegebenen Geschlechts)*

bon	heureuse	centrale
belle	merveilleux	génial

court	naturel	frais
jaloux	blanc	voisine
italienne	faux	dangereux
large	gentil	magnifique
froid	espagnol	intérieure

Veränderlichkeit und Bezug der Adjektive

132 *Verändern Sie – wenn nötig – die eingeklammerten Adjektive:*

1. Ses idées sont (génial).
2. Est-ce que votre maison est (grand)?
3. Cette (grand) maison est (beau).
4. C'est une femme (magnifique).
5. Les enfants sont (malade).
6. Mon ami a (bon) caractère.
7. Elle a trouvé une (joli) chambre.
8. Paris est une ville (merveilleux).
9. La table est trop (haut).
10. La femme de mon ami est très (beau).

133 *Übersetzen Sie:*

1. Mein Vater ist seit zwei Tagen krank.
2. Frau Dupont ist glücklich über (de) ihre Reise.
3. Die Bäume sind noch klein.
4. Die Fenster unseres Hauses sind sehr groß und vor allem sehr hoch.
5. Mein kleiner Bruder ist sehr krank.
6. Peter ist noch ziemlich klein, aber Jakob ist schon recht (bien) groß.
7. Die kleinen Fenster dieses Hauses sind nicht sehr praktisch.
8. Dein Hund ist zu dick!
9. München ist eine herrliche Stadt.
10. Meine Frau ist eifersüchtig.

Steigerung und Vergleich

134 *Bilden Sie aus folgenden Angaben:*

> *a) einen Vergleich der Gleichheit*
> *b) einen Komparativ mit »plus«*
> *c) einen Komparativ mit »moins«*

Beispiel: Pierre est grand (Paul).

    a) Pierre est aussi grand que Paul.
    b) Pierre est plus grand que Paul.
    c) Pierre est moins grand que Paul.

1. Jacques est intelligent (Yvette).
2. Mon frère est calé en mathématiques (moi).
3. Cette fleur est rare (l'autre).
4. Cette table est haute (une table ordinaire).
5. Son père est riche (ton père).
6. Notre maison est solide (votre maison).
7. Mon fils est petit (votre fils).
8. Hélène est nerveuse (son frère).
9. Yves est sportif (Bernard).
10. Charles est gentil (Philippe).

135 *Übersetzen Sie:*

1. Wir haben den schönsten Garten der Stadt.
2. Das war ein großer Fehler, vielleicht der größte deines Lebens.
3. Peter ist älter als Hans, aber Hans ist größer als Peter.
4. Euere Wohnung ist hübsch, aber unsere Zimmer sind größer.
5. Diese Blume ist seltener als das Edelweiß.
6. Ich bin jetzt ebenso groß wie mein Bruder.
7. Peter ist der größte Schüler der ganzen Klasse.
8. Du bist ebenso dumm wie dein Freund!
9. Hans ist in Mathematik besser (mit: calé) als sein Bruder.
10. Bringen Sie mir den größten Eimer!

136 *Schwierigere Übersetzung zur Steigerung:*

1. Jacqueline ist meine nervöseste Schülerin.
2. Dieser Wein ist viel besser als der andere.
3. Er lügt. Das ist schlimmer, als wenn er faul wäre.
4. Der Krebs ist gegenwärtig der schlimmste Feind der Menschen.
5. Das ist das kleinste Bild, das ich besitze.
6. Die Eitelkeit ist sein geringster Fehler.
7. Hans ist in Mathematik viel schlechter als Peter.
8. Das ist das Beste, das du tun kannst.
9. Die Angelegenheit wird immer schlimmer.
10. Das ist der schlechteste Wein, den ich jemals getrunken habe.

Stellung der Adjektive

137 *Setzen Sie das Adjektiv an die richtige Stelle im Satz und in die richtige Form. Vergleichen Sie die Stellung mit dem Deutschen:*

1. blanc: Vois-tu la maison?
2. haut: Regarde cette tour!
3. rouge: Prenez du vin!
4. merveilleux: Il possède un jardin.
5. droit: Il s'est cassé la jambe.
6. beau: Je viens de faire un voyage.
7. vieux: Je frappai; une dame m'ouvrit.
8. vert, noir: Il portait des pantalons et un chapeau.
9. mauvais: Il m'a joué un tour.
10. inévitable: C'est une conséquence.

138 *Setzen Sie die Adjektive an die richtige Stelle und bilden Sie die richtige Form (häufig gibt es mehrere Stellungsmöglichkeiten):*

1. grand, maigre: Le voleur était un homme.
2. immobile: Le chasseur attendait.
3. bon, jeune: C'est un homme.
4. simple: C'est un soldat.
5. cher, vieux: Saluez ces dames de ma part!
6. joli, petit: C'est un chien.
7. long, beau: J'ai fait un voyage.
8. méchant: C'est un livre.
9. gros, lourd: Apportez cette pierre!
10. insurmontable: C'est une difficulté.

Männliche und weibliche Form (schwierigere Übungen)
Adjektive auf »-eur«, »-al« und »-ou«

139 *Adjektive auf »-eur«. Verändern Sie – wenn nötig – die eingeklammerten Adjektive:*

1. Ce vin est d'une qualité (supérieur).
2. Elle a fait une mine (boudeur).
3. Je crois que la roue (moteur) de cette machine est endommagée.
4. La lettre est (antérieur) à ce télégramme fâcheux.
5. Le prêtre adressa des paroles (consolateur) à la pauvre veuve.
6. Abandonne cette vie (pécheur)!

7. Cet assassin est plein de forces (destructeur).
8. Gardez-vous de cette femme (querelleur).
9. C'est la (meilleur) solution que vous ayez pu trouver.
10. Ton amie a une voix (enchanteur).

140 *Adjektive auf »-al« und »-ou«. Lösen Sie die Klammern auf:*

1. Ecoutez mes conseils (amical).
2. Regardez ces fauteuils (bancal)!
3. Je déteste ces hommes (mou) qui ne savent jamais se décider.
4. Il dit seulement quelques mots (banal).
5. Les deux frères sont des commerçants (loyal).
6. Il a obtenu de (fou) succès.
7. Si vous enseignez la phonétique, n'oubliez pas les sons (nasal).
8. Epargnez-moi ces détails (trivial).
9. Méfiez-vous de ses frères; ils sont (brutal).

Adjektive mit zwei männlichen Formen

141 *Lösen Sie die Klammern auf:*

1. Je crois qu'il aura un (beau) avenir.
2. Voilà, maman, mon (nouveau) ami.
3. Tout est (beau) et bien, mais je vous dis quand-même qu'il faut faire attention.
4. Je le déteste, il a un (fou) orgueil!
5. C'est vraiment un (beau) enfant.
6. Nous croyons que c'est un homme (mou) et efféminé.
7. C'est une (vieux) actrice.
8. Monsieur Perdin est un (vieux) avare.
9. Permettez que je vous présente nos (vieux) amis, Monsieur et Madame Dupont.
10. Pendant plusieurs mois, il nourrit un (fou) espoir.

Gebrauch von »demi«, »semi« und »mi«

142 *Setzen Sie in die Lücken die richtige Form von »demi«, »semi« oder »mi« ein:*

1. Combien de vin voulez-vous? – Donnez-moi une . . . . . bouteille!
2. Nous partirons pour Paris vers la . . . . . juin.
3. Les plaines de l'Asie centrale ont un climat . . . . . aride.
4. Je t'attends depuis deux heures et . . . . .

5. La . . . . . carême est le jeudi de la troisième semaine du carême.
6. Je le vis debout, les yeux . . . . . clos.
7. Nous les avons suivis pendant trois kilomètres et . . . . .
8. Les . . . . . conducteurs jouent un certain rôle dans l'industrie électrique.
9. Je suis à . . . . . mort (Je suis . . . . . mort) de peur.

»Grand« und seine Veränderlichkeit

143 *Setzen Sie die richtige Form:*

1. Ce que vous proposez ne vaut pas . . . . . chose.
2. J'ai passé mes vacances chez mes . . . . . parents.
3. A Munich, il existe un club de . . . . . pères.
4. Tous mes enfants ont une . . . . . peur de l'eau.
5. Les . . . . . mères ont parfois des idées qui semblent peu compréhensibles aux petits-fils.
6. Les soldats avaient . . . . . peur de la bataille.
7. Vois-tu la . . . . . maison à l'horizon?
8. La même année, mes deux . . . . . tantes sont mortes.
9. Si vous empruntez la . . . . . route, vous avancerez plus vite.
10. A cette réunion, il y avait six . . . . . croix.

Besonderheiten zur Veränderlichkeit und zum Bezug

144 *Verändern Sie – wenn nötig – die eingeklammerten Wörter; vergleichen Sie mit dem Deutschen:*

1. La vie spirituelle de l'Occident se base largement sur les cultures (grec et romain).
2. Je connais les littératures (français et anglais).
3. La situation est des plus (grave).
4. Les deux soldats sont (proche) de mourir.
5. Il est arrivé avec sa mère et sa sœur (aîné).
6. J'ai commandé une table de marbre très (haut).
7. Ces deux villages sont très (proche) l'un de l'autre.
8. J'ai acheté une armoire et trois fauteuils (neuf).
9. Elle déteste son langage et son air (autrichien).
10. Je vous offre du riz et des pommes de terre (supérieur).
11. Les fenêtres de la maison étaient (grand) ouvertes.
12. Une jeune fille (court-vêtu) m'attendait à la porte.
13. Il aime tellement les roses (frais) écloses.

14. Je souhaite la bienvenue aux candidats (nouveau) venus.
15. Il n'y a rien de plus faible que les enfants (nouveau) – nés.
16. Elle a l'air (fatigué).
17. Je vous enverrai ces caisses (franc de port).
18. Tâchez de faire le moins d'erreurs (possible)!

145 *Farbadjektive und adjektivisch gebrauchte Substantive. Verändern Sie –
wenn nötig — die eingeklammerten Wörter:*

1. Elle portait une jolie jupe (marron), une jaquette (bleu clair) et un chapeau (jaune).
2. Il a menti, car ses oreilles sont (pourpre).
3. Quelle nationalité représentent ces pavillons (orange)?
4. La personne en question préfère des chaussures (jaune paille).
5. Regarde ces jolis foulards (poivre et sel).
6. Elle a une nette préférence pour les étoffes (rose).
7. J'ai acheté une cravate (cramoisi).
8. J'aime surtout ses yeux (bleu foncé).
9. Vois-tu cette jupe (lilas)?
10. Les chapeaux (mauve) sont le dernier cri.

Adjektive mit verschiedener Bedeutung in verschiedener Stellung

146 *Übersetzen Sie:*

1. Das Buch wird ein sicherer Erfolg.
2. Was du sagst, ist ein dürftiges Argument.
3. Geh sauberes Wasser holen!
4. Schon die ersten Worte des Ministers hatten einen gewissen Erfolg.
5. Geben Sie mir bitte mageres Fleisch!
6. Ich habe es mit eigenen Augen gesehen.
7. Der arme Peter! Er ist seit dem Unfall sehr verwirrt.
8. Unsere Nachbarn sind ordentliche Leute.
9. Indien ist ein armes Land.
10. Bringt diesem tapferen Jungen die Belohnung!

Das Adjektiv und seine Ergänzung

147 *Setzen Sie die richtige Präposition:*

1. Il faut être courtois . . . . . tout le monde.
2. Elle est vraiment trop bonne . . . . . ses enfants.

3. Mon ami est très calé . . . . . géographie.
4. Je suis heureux . . . . . vous revoir.
5. C'est vraiment gentil . . . . . vous de m'avoir rendu visite.
6. Le bassin de la Ruhr est riche . . . . . minerai de fer et . . . . . charbon.
7. Ne fumez pas trop! C'est nuisible . . . . . votre santé.
8. L'intelligence de Marcel est inférieure . . . . . celle de son frère.
9. Ne soyez pas ingrats . . . . . vos parents!
10. Je dois vous dire que mon chef est affligé . . . . . avoir causé de la peine à votre femme.

148 *Setzen Sie die richtige Präposition:*

1. Ne soyez pas trop sévère . . . . . vos élèves!
2. L'oxygène est nécessaire . . . . . la vie.
3. Le ministre est très soucieux . . . . . l'économie nationale.
4. Je suis malchanceux . . . . . jeu.
5. Il ne faut pas être indifférent . . . . . la misère du prochain.
6. Ma femme est enchantée . . . . . pouvoir faire votre connaissance.
7. Ne soyez pas trop triste . . . . . cet échec.
8. Je suis disposé . . . . . vendre ma voiture.
9. Ce vin est bien supérieur . . . . . celui d'hier.
10. Elle est pleine . . . . . reconnaissance à votre égard.

»Mauvais« und »mal«, »meilleur« und »mieux«

149 *»Mauvais« und »mal«. Füllen Sie die Lücken:*

1. Ce livre est vraiment . . . . . écrit.
2. C'est un . . . . . élève. En outre, il est . . . . . élevé.
3. Vous lui avez donné un . . . . . conseil.
4. Cet établissement est . . . . . famé.
5. Quel temps fait-il? – Il fait . . . . . aujourd'hui.
6. Ne me parlez pas de cette affaire. C'est un . . . . . souvenir.
7. Pardon, madame, j'ai . . . . . compris.
8. Est-ce que tu peux me recommander ce livre? – Non, il est . . . . .
9. Connaissez-vous le secrétaire de cette organisation? – Oui, mais je suis . . . . . avec lui.
10. Ne vous fiez pas à ce . . . . . sujet!

150 *»Meilleur« und »mieux«. Füllen Sie die Lücken:*

1. Moi, j'ai une . . . . . santé que toi.
2. Mon fils travaille maintenant . . . . . qu'autrefois.

3. Comment va votre mari? – Il va . . . . . maintenant.
4. Selon la radio, il fera . . . . . demain.
5. Le caractère de cette crapule n'est pas . . . . . que celui d'un assassin.
6. Restez chez nous, cela vaut . . . . .!
7. J'espère que vous me livrerez la . . . . . qualité.
8. C'est le . . . . . roman que j'aie jamais lu.
9. Cette lettre est . . . . . écrite que la première.
10. C'est la . . . . . lettre que tu aies écrite jusqu'à présent.

Prä- und Suffixe zum Adjektiv

151 *Ersetzen Sie die kursiv gedruckten Adverbien durch Prä- oder Suffixe zum Adjektiv und geben Sie die Stilebene an:*

1. Je vous jure que c'est un vin *très* fin.
2. Cette étoffe est *légèrement* bleue.
3. Les hommes politiques *particulièrement* royalistes sont les partisans exaltés des doctrines monarchiques.
4. C'est vraiment une femme *très* bonne.
5. C'est un homme *incroyablement* riche.
6. Quoi, tu ne connais pas ce livre? Mais c'est *extraordinairement* célèbre!
7. Donnez-moi encore un verre de cette liqueur *tellement* fine!
8. Elle m'a écrit une lettre *très* longue.
9. Cet homme est *complètement* fou!

Bildhafte Vergleiche

152 *Übersetzen Sie:*

1. Der Stoff ist schneeweiß geworden.
2. Ich will diese Medizin nicht mehr nehmen; sie ist gallenbitter.
3. Er hat kohlrabenschwarzes Haar.
4. Mein Nachbar ist unnahbar. Er ist stolz wie ein Spanier.
5. Dieser schreckliche Augenblick schien mir eine halbe Ewigkeit zu dauern.
6. Die alte Dame ist herzensgut.
7. Sieh dich vor! Dein Gegner ist bärenstark.
8. Ich finde, der Kerl ist abgrundhäßlich.
9. Wir glauben, der Mann ist außerordentlich kühn.
10. Glauben Sie mir: Er ist strohdumm!

DER ARTIKEL (L'ARTICLE)

Leichte Übungen zum bestimmten und unbestimmten Artikel (im Singular und im Plural)

153 *Setzen Sie vor folgende Substantive den bestimmten Artikel:*

1. ..... mère, ... père, ... frère, ... sœur, ... oncle, ... tante, ... cousin, ... cousine, ... grand-père, ... grand-mère.

2. ..... pièce, ... chambre, ... salle, ... salon, ... étage, ... appartement, ... maison, ... immeuble.

3. ..... ville, ... village, ... campagne, ... paysage, ... plaine, ... montagne, ... colline.

4. ..... voiture, ... auto, ... camion, ... train, ... autobus, ... camionnette, ... bicyclette, ... moto.

5. ..... tête, ... cou, ... corps, ... bras, ... main, ... jambe, ... pied, ... doigt, ... genou, ... ventre.

154 *Setzen Sie vor folgende Substantive den unbestimmten Artikel:*

1. ..... table, ... chaise, ... banc, ... armoire, ... lit, ... fauteuil.

2. ..... pomme, ... poire, ... banane, ... cerise, ... tomate, ... noix, ... prune.

3. ..... soupe, ... rôti, ... salade, ... dessert, ... gâteau.

4. ..... chemise, ... bas, ... soulier, ... chaussette, ... chapeau, ... jupe.

5. ..... homme, ... femme, ... enfant, ... fille, ... fils, ... bébé.

155 *Setzen Sie das Objekt in den Plural und vergleichen Sie mit dem Deutschen:*

1. As-tu lu le livre?
2. Mon ami veut une pomme.
3. Avez-vous trouvé la maison?
4. Mes parents ont acheté une maison.
5. Ma sœur a cassé une assiette.
6. Il y a un nuage dans le ciel.
7. Regarde le jardin!
8. Montrez-nous la photo!
9. Elle écrit une lettre.
10. J'ai acheté une carte postale.

Wichtige Substantive und der dazugehörige bestimmte Artikel
(h-Substantive, Flüsse, Länder usw.)

156 *Setzen Sie den bestimmten Artikel (bei apostrophiertem Artikel das Geschlecht angeben):*

1. ..... habilité, ... habit, ... haie, ... hache, ... haine, ... haleine, ... halte, ... hardiesse, ... haricot, ... hasard, ... hâte, ... hauteur.

2. ..... hectolitre, ... hélicoptère, ... hélice, ... hémisphère, ... herbe, ... hérisson, ... héritage, ... héroïne, ... héros, ... hêtre.

3. ..... hibou, ... hippodrome, ... hirondelle, ... histoire, ... hiver, ... hilarité.

4. ..... hockey, ... homicide, ... hommage, ... Hongrois, ... honnêteté, ... honneur, ... horaire, ... honte, ... hôpital, ... horizon, ... horloge, ... horreur, ... hors d'œuvre, ... houille.

5. ..... huile, ... humaniste, ... humeur, ... humidité, ... humiliation, ... humour.

6. ..... hydravion, ... hydrogène, ... hygiène, ... hystérie.

7. ..... Seine, ... Rhône, ... Saône, ... Loire, ... Garonne, ... Moselle, ... Lot, ... Tarn, ... Aveyron, ... Adour.

8. ..... France, ... Allemagne, ... Italie, ... Angleterre, ... Belgique, ... Luxembourg, ... Hollande, ... Grèce, ... Espagne, ... Suède, ... Danemark, ... Norvège, ... Pologne, ... Tchécoslovaquie, ... Bulgarie, ... Roumanie, ... Hongrie, ... Yougoslavie.

9. ..... Rhin, ... Danube, ... Pô, ... Ebre, ... Tamise.

10. ..... Canada, ... Etats-Unis, ... Mexique, ... Brésil, ... Argentine, ... Russie, ... Chine, ... Japon, ... Maroc, ... Tunisie, ... Egypte.

157 *Übersetzen Sie:*

1. Kennen Sie Japan?
2. Rom ist eine wunderbare Stadt.
3. Australien ist der kleinste Kontinent der Erde.
4. Die Normandie interessiert mich ganz besonders.
5. In diesem Jahr möchten wir Sardinien besuchen.
6. Leider kenne ich das alte München nicht.

7. Ich bin in Frankfurt geboren. – Frankfurt am Main oder Frankfurt an der Oder?
8. Welche europäischen Länder kennen Sie? – Ich kenne: Norwegen, Dänemark, Italien und Polen.
9. Borneo ist ungefähr dreißigmal so groß wie Sizilien.

158 *Setzen Sie den bestimmten Artikel (bei apostrophiertem Artikel das Geschlecht angeben):*

1. ..... habitus, ... hall, ... hallebarde, ... hallucination, ... halo, ... hanche, ... hareng, ... harmonica, ... harpe, ... haut-de-forme.
2. ..... hébreu, ... hécatombe, ... hégémonie, ... héliport, ... hémoglobine, ... herbicide, ... herbivore, ... hertz.
3. ..... hickory, ... hiérarchie, ... high-life, ... hinterland, ... hippisme, ... hitlérisme, ... hivernage.
4. ..... homéopathie, ... hoquet, ... hors-bord, ... houblon, ... huguenot, ... humoriste, ... humus, ... hurlement.
5. ..... hybride, ... hydrate, ... hydrographie, ... hypoténuse.
6. ..... Nil, ... Congo, ... Zambèze, ... Niger.
7. ..... Saint-Laurent, ... Mississippi, ... Colorado, ... Amazone, ... Orénoque, ... Parana.
8. ..... Volga, ... Don, ... Dniéper, ... Ob, ... Yang-tsé-kiang.
9. ..... Laponie, ... Mongolie, ... Colombie, ... Pérou, ... Equateur, ... Chili, ... Iran, ... Polynésie.
10. ..... onzième, ... huitième, ... yacht, ... yankee, ... yaourt (ou: yoghourt), ... yod, ... yogi, ... ululement, ... ouate.

Sonderfälle beim Gebrauch des Artikels (geographische Begriffe, Tages- und Monatsnamen usw.)

159 *»de« oder »de + Artikel« bei geographischen Begriffen. Setzen Sie die richtige Form:*

1. Mon père reviendra bientôt ..... Brésil.
2. Est-ce que vous aimez les vins ..... Espagne?
3. Il connaît presque toutes les provinces ..... France.
4. J'aime le café ..... Brésil, le chocolat ..... Suisse, les soieries ..... Japon, les vins ..... Portugal et le paysage ..... Hollande.

5. Avez-vous étudié l'Histoire . . . . . Belgique?
6. Louis XIV, le Grand, roi . . . . . France de 1643 à 1715, naquit en 1638. A la mort de son père, sa mère, Anne . . . . . Autriche devint régente et prit pour gouverneur Mazarin qui obtint de grands succès en politique extérieure: la paix . . . . . Westphalie, signée après les victoires . . . . . Rocroi, ... Fribourg, ... Noerdlingen et . . . . . Lens, et la paix . . . . . Pyrénées.
7. Le chancelier fédéral recevra l'ambassadeur . . . . . France.
8. Je préfère le fromage . . . . . Hollande à celui . . . . . France.
9. Il a échoué à l'examen, car il ne savait même pas le nombre d'habitants . . . . . France.
10. Elle aime tellement les montagnes . . . . . Norvège.

160 *»En« oder »à mit oder ohne Artikel« bei geographischen Begriffen. Setzen Sie die richtige Form:*

1. Au cours de son voyage . . . . . Asie, le ministre a été . . . . . Afghanistan, ... Chine, ... Viétnam, ... Inde, ... Japon et . . . . . Corée.
2. Est-ce que vous êtes déjà allé à Paris? – Non, mais je suis allé . . . . . Strasbourg, ... Havre, ... Marseille, ... Grenoble, ... Rochelle et . . . . . Limoges.
3. Les meilleurs vins de France croissent . . . . . Bourgogne et . . . . . Champagne.
4. Cette année j'ai passé mes vacances . . . . . Berlin (. . . . . Chypre, ... Islande, ... Maroc, ... Martinique, ... Lombardie, ... Egypte, ... Vienne, ... Caire, ... Etats-Unis, ... Corse, ... Sicile, ... Cuba, ... Réunion, ... Crète).
5. La cour de justice internationale se trouve . . . . . Haye.
6. Mon père connaît presque tous les pays de l'Europe septentrionale. Il a déjà été . . . . . Norvège, ... Danemark, ... Finlande et . . . . . Islande.
7. Les îles normandes se trouvent . . . . . nord de la Bretagne.
8. Le chancelier a terminé son voyage . . . . . Extrême-Orient.

161 *Bestimmter Artikel bei Tages- und Monatsnamen, Jahreszeiten und Feiertagen. Setzen Sie – wenn nötig – den bestimmten Artikel und gegebenenfalls die richtige Präposition:*

1. Nous ferons un grand voyage aux Etats-Unis. Nous partirons . . . . . printemps et ne reviendrons qu'. . . . . automne.

2. Je le rencontre toujours ..... samedi.
3. Les principales fêtes religieuses des chrétiens sont: ..... Noël, ... Pâques, ... Pentecôte, ... Ascension et ..... Toussaint.
4. La première division partit vers ..... soir et la deuxième suivit vers ..... minuit.
5. Venez ..... lundi prochain, puis ..... mardi en huit et ensuite ..... mercredi en quinze. Après, venez tous ..... samedis.
6. Le travail commence à huit heures ..... matin et se termine à cinq heures ..... soir.
7. Je suis arrivé ..... mercredi, 14 avril.

162 *Eigennamen und Planeten. Setzen Sie – wenn nötig – den bestimmten Artikel:*

1. ..... Leferre sont en général très polis.
2. Je crois que ..... Dupont sont des voisins agréables.
3. Quoi, vous n'avez pas encore fait la connaissance de ..... célèbre Jean Leferre?
4. ..... Mérovingiens furent les premiers souverains de France.
5. J'ai rencontré à cette réception officielle ..... général Felin, ... docteur Rabiot, ... maître Tousset, ... professeur Verlat et ..... comte Bernard.
6. As-tu vu ..... Degas qui se trouve dans le salon de cette veuve?

Allgemeine Übersetzungsübungen

163 *Übersetzen Sie:*

1. Europa und Asien haben zusammen etwa $2^1/_2$ Milliarden Einwohner.
2. Mögen Sie Katzen?
3. Eisen ist härter als Blei.
4. Wir fahren dieses Jahr nach Sardinien.
5. Liebe ist stärker als Haß.
6. Der Mars ist der Erde zur Zeit relativ nahe.
7. Ich glaube, der Februar wird dieses Jahr kalt werden.
8. Bringen Sie mir das Buch am Samstag in acht Tagen.
9. Mexiko ist ein sehr interessantes Land.
10. Das moderne Paris ist viel eindrucksvoller als das Vorkriegs-Paris.

164 *Übersetzen Sie (schwierige Sätze):*

1. Emilie kommt immer als letzte, aber dafür kommt ihr Bruder oft als erster.

2. Welches der drei Bücher wollen Sie? – Geben Sie mir alle drei!
3. Männer, Frauen, Kinder, alle liefen herbei.
4. Kommen Sie morgen gegen vier Uhr!
5. Wohin gehst du? – Ich gehe nur Luft schöpfen.
6. Wenn ihr beim ersten Hindernis den Mut verliert, werdet ihr nie etwas erreichen.
7. Sind Sie Sozialist?
8. Aber, das ist ja ein Defaitist!

DER TEILUNGSARTIKEL (L'ARTICLE PARTITIF)

Form und Gebrauch

165 *Setzen Sie in die Lücken die richtige Form des Teilungsartikels:*

1. Nous chauffons notre poêle avec . . . . . bois.
2. Le soir, nous buvons souvent . . . . . bière.
3. Va chercher . . . . . lait, s'il te plaît!
4. Il nous doit encore . . . . . argent.
5. Un paysan m'apporte chaque semaine . . . . . œufs et . . . . . beurre.
6. Veux-tu encore . . . . . pommes frites?
7. Avez-vous fait ce gâteau avec . . . . . margarine?
8. J'aimerais boire . . . . . eau.
9. Nous avons . . . . . tomates dans le jardin.
10. Au petit déjeuner je prends en général . . . . . café.
11. Une fois par semaine nous mangeons . . . . . poisson.
12. Prenez encore . . . . . poulet!
13. Achète encore . . . . . gâteaux secs pour le voyage!
14. Si tu veux faire . . . . . crêpes, nous devons encore acheter . . . . . huile et . . . . . farine.
15. Les agents de police ont trouvé . . . . . hachisch dans son appartement.

166 *Übersetzen Sie:*

1. Ich kaufe Milch, Butter, Eier, Tomaten, gelbe Rüben, Reis, Kaffee, Tee, Fleisch, Marmelade, Äpfel, Mineralwasser, Schinken, Öl, Zigaretten, Wurst, Käse, Honig, Salz, Pfeffer.
2. Haben Sie Limonade oder Fruchtsaft für die Kinder?
3. Heute gibt es zum Abendbrot kalten Braten, Schinken, Fisch, Salate und Käse.
4. Dein Bruder hat Mut.
5. Dieses Mal haben wir Glück gehabt.
6. Heute ist es windig.

167 *Setzen Sie in die Lücken den Teilungsartikel oder den bestimmten Artikel ein:*

1. Annette, veux-tu encore . . . . . cacao?
2. Passe-moi . . . . . poivre et . . . . . sel, s'il te plaît!
3. Est-ce qu'il y a encore . . . . . café? Non, il n'y en a plus. Veux-tu . . . . . thé?

4. Suzanne, prends encore . . . . . confiture! Non, merci, je n'aime pas . . . . . confiture d'abricots.

5. Prenez-vous . . . . . café ou . . . . . thé, monsieur? Aujourd'hui donnez-moi . . . . . thé, s'il vous plaît. J'ai mal supporté . . . . . café hier.

6. Tiens, moi au contraire, je supporte mieux . . . . . café que . . . . . thé. Quand je prends . . . : . thé le soir, je dors mal.

168 *Übersetzen Sie:*

1. Ich habe Schokolade für die Kinder mitgebracht.
2. Habt ihr noch Bier?
3. Mit diesen Gören (le-gosse) braucht man wirklich Geduld! (mit »il faut« übersetzen)
4. Ich habe vergessen, Seife und Zahnpasta zu kaufen.
5. Ich nehme Milchkaffee.
6. Während der ganzen Fahrt (le trajet) hatten wir Nebel.
7. Du siehst gut aus; du hast heute Farbe gekriegt!
8. Dieser Mann hat Geist.
9. Du hast aber Glück gehabt!
10. Was spielst du da? Ist das Mozart oder Beethoven? – Schubert!
11. Spielst du oft Klavier?
12. Willst du klassische oder moderne Musik hören?
13. Sie hat sich wirklich Mühe gegeben.
14. Ich hatte Mühe, ihnen das zu erklären.
15. Das hat mir wirklich Kummer gemacht.
16. So, das hat mir gut getan!
17. Treiben Sie Sport? (faire) Sie sollten Sport treiben!

Mengenbegriffe

169 *Vervollständigen Sie die Sätze mit den in Klammern angegebenen Substantiven:*

1. J'ai mangé trop (cerises).
2. Avez-vous encore assez (cigarettes)?
3. Je voudrais (bière).
4. Papa a commandé 50 kilos (pommes).
5. Va acheter trois bouteilles (vin), nous avons (invités) ce soir.
6. Ce garçon a vraiment (talent) et beaucoup (ambition).
7. N'as-tu pas (mouchoir)?
8. Donnez-lui (pain)!
9. Ne lui donnez pas (argent)!
10. Ils n'ont pas eu (chance).

170 *Übersetzen Sie:*

1. Unsere Freunde haben viel Geld.
2. Der Ofen verbraucht zuviel Kohle.
3. Ich habe zu wenig Zucker in den Pudding getan.
4. Ich glaube, ich habe nicht mehr genug Salz.
5. Ich kann nicht so viel Kuchen essen.
6. Hol bitte ein Kilo Kartoffeln und ein Pfund Hackfleisch!
7. Herr Ober, bringen Sie mir bitte eine Tasse Kaffee und ein Päckchen Zigaretten!
8. Ich habe kein Geld.
9. Wir haben keine Schokolade gegessen.
10. Hast du keinen Freund?
11. Ich habe kein Auto.
12. Ich möchte keinen Kaffee.

171 *Übersetzen Sie:*

1. Ich habe kein Buch mehr von dir.
2. Peter hat Bauchweh! – Er wird zuviel Kirschen gegessen haben.
3. Danke, ich esse keine Schokolade.
4. Ich habe nie Artischocken gegessen.
5. Wir haben wirklich momentan zuviel Arbeit.
6. Er hat sicher nicht mehr genug Geld.
7. Er hat genausoviel Geld wie wir.
8. Er hat mehr Geld als wir.
9. Tun Sie noch eine Prise Salz an die Suppe!
10. Wieviel Fehler hast du gemacht?
11. Herr Ober, bringen Sie mir bitte ein Glas Bier, zwei Scheiben kalten Braten, etwas Butter und zwei oder drei Scheiben Brot.
12. Einige Äpfel waren schon verfault.
13. Mehrere Kinder sind an der Kinderlähmung erkrankt (être atteint de la poliomyélite).
14. Wieviel Zigaretten du heute schon wieder geraucht hast!
15. Ich habe selten etwas so Hübsches gesehen.
16. Gibt es was Neues? Erzähl, was es Neues gibt! – Nichts Besonderes.
17. Diese Leute haben kein Herz!
18. Die meisten Leute glauben, daß diese Krankheit ansteckend ist.
19. In den meisten Fällen kann man diesen Kranken nicht mehr helfen.
20. Trinken Sie, wir haben noch genug Kognak.
21. Ich hatte keine Kraft mehr.

22. An die 100 ha Wald wurden von dem Brand verwüstet.
23. Er hat mir einen Korb Pflaumen gebracht.
24. Dieser Junge hat sehr viel Mut. (mit bien)
25. Geben Sie mir ein Dutzend Eier.
26. Ich habe unheimlich viel Arbeit.

172 *Füllen Sie die Lücken:*

1. Donnez-moi un kilo . . . . . cerises!
2. Donnez-moi un kilo . . . . . cerises que vous avez derrière votre comptoir.
3. J'ai acheté deux bouteilles . . . . . vin.
4. J'ai acheté deux bouteilles . . . . . vin que nous avons bu chez mon père hier.
5. Achète deux paquets . . . . . cigarettes!
6. N'a-t-elle plus du tout . . . . . velours bleu dont elle a fait ta robe?
7. Je n'ai pas mangé . . . . . saucisson.
8. Achète deux paquets . . . . . cigarettes que Jean fume d'ordinaire.

Teilungsartikel vor Substantiven, denen ein Adjektiv vorangestellt ist

173 *Setzen Sie vor folgende Substantive, bei denen ein Adjektiv steht, den Teilungsartikel oder partitives »de«:*

1. Nous lisons en classe . . . . . très beaux textes français.
2. Elle a acheté . . . . . jolis gants à Munich.
3. Au déjeuner nous avons eu aujord'hui . . . . . petits pois et des carottes.
4. . . . . . petits jardins entourent les maisons.
5. Nous avons passé . . . . . belles journées à la mer.
6. C'est . . . . . bon chocolat au lait.
7. . . . . . jeunes filles nous attendaient à l'entrée.
8. J'ai acheté . . . . . petits pains et . . . . . bonnes saucisses pour notre excursion.
9. Nous avons discuté . . . . . longues heures ensemble.

174 *Übersetzen Sie (sehr leichte Übung):*

1. Das sind sehr schöne Rosen!
2. Haben Sie schon Enkel?
3. Bring bitte Brötchen mit!
4. Hans hat immer ausgezeichnete Ideen.

5. Ich habe noch gute Weine im Keller.
6. Diese Leute haben nur kleine Häuser.
7. Ich habe guten Tabak für dich gekauft.
8. In diesem Geschäft gibt es schöne Teppiche.

175 *Setzen Sie in die Lücken Teilungsartikel oder partitives »de« ein:*

1. Ce sont . . . . . très jolies roses.
2. Nous avons . . . . . bons amis à Paris.
3. Dans ces concerts on voit surtout . . . . . jeunes gens.
4. Dans ces concerts on voit beaucoup . . . . . jeunes gens.
5. Dans ce quartier il y a . . . . . jolies maisons.
6. Dans ce quartier il y a bien . . . . . jolies maisons.
7. Il y a encore bien . . . . . autres livres qui m'intéressent.
8. Il a toujours . . . . . excellentes idées.
9. Pierre a fait . . . . . gros efforts pour être reçu à son examen de passage.
10. . . . . . jeunes filles vinrent vers nous.
11. On voit . . . . . grandes forêts, ... beaux villages, ... prés verts.
12. Pour le petit déjeuner je prendrai . . . . . café, mais . . . . . bon café, ... petits pains, ... beurre et . . . . . confiture.
13. Dans ce quartier de Bonn habitent seulement . . . . . gros bonnets.
14. Faites attention, ce sont . . . . . faux amis.

176 *Übersetzen Sie:*

1. Wir rechnen mit größeren (important) Aufträgen.
2. Haben Sie schon neue Modelle aus Paris bekommen?
3. Wir haben alte Volkslieder gesungen.
4. Man sah viele junge Leute auf der Ausstellung.
5. Zeig wenigstens guten Willen!
6. Machen Sie sich keine Sorgen (mit »se faire du mauvais sang«)!
7. Zahlreiche Teilnehmer waren schon am Abend vorher eingetroffen.
8. Mehrere Teilnehmer fahren heute abend schon wieder ab.

Leichte zusammenfassende Übung

177 *Setzen Sie in die Lücken Teilungsartikel oder partitives »de« ein:*

1. Je vais acheter deux mètres . . . . . velours.
2. Il y a eu beaucoup . . . . . neige cet hiver.
3. Je ne mange pas . . . . . œufs.
4. J'ai oublié d'acheter . . . . . lait.

5. Combien . . . . . livres achèteras-tu?
6. Est-ce que ce sont . . . . . livres intéressants?
7. Vous avez . . . . . jolis rideaux!
8. Aujourd'hui il y avait beaucoup . . . . . gens à l'église.

Teilungsartikel nach Präpositionen

178 *Übersetzen Sie:*

1. Ich brauche Geld.
2. Jetzt brauchte ich selbst das Geld, das ich ihm geliehen habe.
3. Von Geld war nicht mehr die Rede.
4. Von dem Geld, das er uns versprochen hatte, war nicht mehr die Rede.
5. Sie braucht Seife und Wasser (mit avoir besoin).
6. Er braucht Seife und Wasser (mit il lui faut).
7. Peter ist nicht da, er ist bei Freunden.
8. Unsere Unterhaltung wurde durch lautes Gelächter unterbrochen (éclats de rire).
9. Als sie dies sagte, hatte sie die Augen voller Tränen.
10. Unser Junge spielt mit anderen Kindern im Hof.
11. Diesem Schüler fehlt es ganz einfach an Mut.
12. Ich nehme das zweite Menü, aber mit Kartoffeln an Stelle von Reis.
13. Er arbeitet mit Feuereifer.
14. Ihr Junge nimmt an allen unseren Veranstaltungen teil, aber offensichtlich ohne (jede) Begeisterung.
15. Ich nehme kalten Braten, aber ohne Mayonnaise.
16. Mein Vater wird oft von Neugierigen belästigt.
17. Ich bin sicher, daß sie aus Neugier gekommen ist.
18. Es war in großen Buchstaben auf weißes Papier geschrieben.
19. Sie können offen sprechen, wir sind unter Freunden.
20. Ich habe ihn in unglaublichen Verhältnissen angetroffen.
21. Er ging mit schweren Schritten.
22. Ist deine Uhr aus Gold?

Teilungsartikel und Verneinung

179 *Füllen Sie die Lücken:*

1. Ne faites pas . . . . . bêtises!
2. Ce n'est pas . . . . . indulgence, mais . . . . . sévérité qu'il faut à ces enfants.

3. Ce ne sont pas . . . . . vipères, mais . . . . . couleuvres.
4. Je n'ai pas . . . . . amis à Vienne.
5. Je ne veux pas . . . . . café.
6. Garçon, je n'avais pas commandé . . . . . thé, mais . . . . . café.
7. Je veux de l'argent comptant et non pas . . . . . promesses.
8. Je n'ai pas voulu lui donner . . . . . renseignements.
9. Je n'ai pas réussi à obtenir . . . . . informations précises.
10. Je ne vous ai pas posé . . . . . questions, afin de ne pas vous mettre dans l'embarras.
11. Mais je ne vous ai pas posé . . . . . questions par curiosité.
12. On ne peut rien lui exposer, sans qu'il demande aussitôt . . . . . chiffres.
13. Pour une fois elle m'a écouté sans soulever . . . . . objections.
14. Non, je crois que je ne t'ai pas donné . . . . . argent.
15. Mais je ne t'ai pas donné . . . . . argent pour aller trois fois par semaine au cinéma.
16. Il est parti sans boire . . . . . café.
17. Elle ne peut pas vous écouter sans faire . . . . . grimaces.

DAS ADVERB (L'ADVERBE)

Einleitende Übungen

180 *Bilden Sie das Adverb:*

1. Jean est (probable) malade.
2. Jacqueline est (tel) triste.
3. Nous n'avons (malheureux) plus d'argent.
4. Quand l'orage est venu, j'ai (rapide) fermé les fenêtres.
5. Paul est (entier) d'accord.
6. (Normal) nous ne travaillons pas le dimanche.
7. Je suis (plein) satisfait.
8. Henri est (général) de mauvaise humeur.
9. (Economique) la situation actuelle est instable.
10. Mon grand-père est (grave) malade.
11. Jacques est (facile) fâché.
12. Désirez-vous sa punition? – Moi, je la désire (pareil).
13. Je crois (égal) qu'il n'est pas intelligent.
14. (Heureux), il est parti.
15. Yvonne surveille (jaloux) son enfant.

181 *Finden Sie das Gegenteil:*

1. Il chante bien.
2. Elle travaille lentement.
3. Il mange beaucoup.
4. Il travaille trop.
5. Elle bavarde toujours.
6. Il pleure souvent.
7. Tu viens tôt.
8. C'est près d'ici.
9. Mettez cela dessus!
10. Tournez à droite!
11. Il est déjà là!
12. Il est encore malade.
13. Elle n'est pas encore arrivée.
14. Cette lettre est mal écrite.

Adjektiv oder Adverb?

182   *Berichtigen Sie – wenn nötig – die Klammern:*

1. Le train va (rapide).
2. Son départ est très (probable).
3. Le train (rapide) ne s'arrête pas dans cette station.
4. Il est (probable) fâché.
5. Ce gâteau est (bon).
6. Les femmes sont (général) très (jaloux).
7. Une (tel) fortune est (incroyable).
8. Cette brochure est (bon) écrite.
9. La situation (général) permet un (certain) optimisme.
10. Ma petite fille est (tel) malade!
11. Je ne comprends pas; tes explications sont (mauvais).
12. Il a (certain) oublié sa promesse.
13. Le ministre a (mauvais) expliqué la situation (économique).
14. Ces paroles sont (incroyable) bêtes.
15. Jean nous a expliqué sa situation (difficile).
16. Je comprends (bon) son opinion.
17. Je trouve que le paysage est (bon) décrit dans ce livre.
18. La description du paysage est (mauvais) dans ce livre.
19. Cette situation n'est pas (normal).

Bildung des Adverbs (schwierigere Fälle)

183   *Bilden Sie das Adverb:*

1. Il a fait son travail (assidu).
2. Elle a (poli) ouvert la porte.
3. Je ne veux (absolu) pas travailler!
4. Jean a (gai) raconté son aventure.
5. Jacques est (grave) malade.
6. Il a (prudent) ouvert la porte.
7. Elle est (constant) malade.
8. Elle est (élégant) habillée.
9. Pierre est (extrême) bête.
10. Il s'est engagé (aveugle) dans cette affaire.
11. La mauvaise herbe a poussé (abondant).
12. Il s'est (décidé) déclaré contre cette mesure.
13. Le secrétaire m'a (gentil) montré la lettre.

14. Je me souviens (obscur).
15. C'est (précis) ce que je voulais dire.
16. Il a signé le contrat (conforme) à notre accord.
17. Il est (vrai) malade.
18. Il répondit tout (confus).

Häufige ursprüngliche Adverbien

184 *Füllen Sie die Lücken mit dem sinngemäß passenden Adverb:*

a) Ortsadverbien. Zur Wahl stehen: dehors, dedans, dessus, dessous, ici, loin, partout.
1. Où est la cathédrale, s'il vous plaît? Elle n'est pas . . . . . d'ici.
2. Je crois que notre hôtel n'est pas loin d'. . . . .
3. Montre-moi cette boîte! Qu'est-ce qu'il y a . . . . .?
4. Il a cherché . . . . ., mais il n'a pas trouvé son livre.
5. Le jeune couple se promenait bras . . . . . bras . . . . .
6. Est-ce que Jean est encore dans la maison? – Non, il est allé . . . . .

b) Zeitadverbien. Zur Wahl stehen: hier, aujourd'hui, demain, encore, longtemps, maintenant, bientôt, déjà, tôt, tard, toujours, souvent. (Manchmal gibt es mehrere Möglichkeiten.)
1. . . . . . je n'ai pas travaillé.
2. Il a une santé délicate. Il est . . . . . malade.
3. As-tu attendu . . . . .? – Oui, j'ai attendu deux heures.
4. Quand je le rencontre, il raconte . . . . . la même histoire.
5. A tout à l'heure! – Je vais . . . . . revenir.
6. Est-il venu . . . . . (heute)? – Non, car il est . . . . . malade.
7. Jean se lève très . . . . . Il se lève . . . . . à six heures.
8. Je réparerai la voiture . . . . . (morgen), car . . . . . je n'ai pas le temps.
9. Je me couche chaque jour très . . . . . (spät).

c) Adverbien der Art und Weise: bien, mal, vite, volontiers.
1. Cette vieille voiture va encore . . . . .
2. J'aime ce livre. Il est . . . . . écrit.
3. Viendrez-vous cet après-midi? – Oui, je viendrai . . . . .
4. Pardon, madame, j'ai . . . . . compris.

d) Adverbien des Grades und der Menge: beaucoup, peu, trop, très, presque, environ.
1. Sa bibliothèque est . . . . . grande. Il a . . . . . de livres.
2. Je suis fatigué, car j'ai . . . . . travaillé.

3. Dépêche-toi, j'ai . . . . . de temps!
4. Quel âge a-t-il? – C'est difficile à dire. Il a . . . . . quarante ans.
5. Cette jeune fille est belle et en outre . . . . . charmante.
6. Attends un moment, j'ai . . . . . terminé mon travail!

e) Frageadverbien: où, quand, pourquoi, combien, comment.
   1. Il n'est pas arrivé. Et . . . . . ?
   2. . . . . . est l'hôtel de la gare, s'il vous plaît?
   3. . . . . . de pommes désirez-vous?
   4. . . . . . est-il arrivé? – A six heures et quart.
   5. . . . . . trouves-tu ce tableau?

f) Adverbien der Verneinung: ne . . . . . pas, ne . . . . . plus, ne . . . . . jamais, ne . . . . . pas du tout.
   1. Jean est très paresseux. Il ne travaille . . . . .
   2. As-tu trouvé ton livre? – Non, je n'ai . . . . . trouvé mon livre.
   3. A-t-il travaillé pour l'examen? – Non, il n'a . . . . . (überhaupt nicht) travaillé.
   4. Il est déjà trop tard. Je n'arriverai . . . . . à temps.
   5. Est-il déjà arrivé? – Non, il n'est . . . . . encore arrivé.

185 *Weitere häufige Adverbien und adverbiale Ausdrücke in Übersetzungsübungen*

a) Ortsangaben
   1. Kennen Sie Paris? – Ja, von dort komme ich gerade.
   2. Warst du schon in Köln? – Nein, aber ich fahre morgen hin.
   3. Anbei finden Sie die Rechnung.
   4. Sind die Kinder im Garten? – Ja, sie sind dort.
   5. Wo ist bitte der Dom? – Gehen Sie geradeaus, dann die erste Straße rechts.
   6. Ich habe mein Buch irgendwo hingelegt und jetzt finde ich es nicht mehr.
   7. Ich habe Sie überall gesucht, aber nirgends gefunden.

b) Zeitangaben
   1. Seien Sie von jetzt an vorsichtig!
   2. Früher war er immer so nett zu mir.
   3. Wir schicken Ihnen die Ware in Kürze zu.
   4. Zuerst hat er seine Unschuld beteuert; am Ende mußte er den Fehler aber doch zugeben.

5. Heutzutage ist es schwer, ein Dienstmädchen zu finden.
6. Mein Mann ist im Augenblick nicht da.
7. Von Zeit zu Zeit wird mein Wagen überprüft.
8. Nach und nach ging es dem Verletzten besser.

c) Angaben der Art und Weise

1. Hast du das absichtlich getan?
2. Die beiden Parteien haben sich gütlich geeinigt.
3. Mein Vater hat widerwillig zugestimmt.
4. Man hat ihn zu Unrecht verurteilt.
5. Sie wissen, wie er sich gegen mich benommen hat.

d) Angaben des Grades und der Menge

1. Als man den Flieger fand, war er halb verhungert.
2. Ich habe so viel Geld verdient, daß ich jetzt in Urlaub fahren kann.
3. Wie dunkel es in dieser Kirche ist!
4. Ich habe den Eimer zur Hälfte gefüllt.
5. Es ist etwa fünf Uhr.
6. Er ist mindestens zwanzig Jahre alt.
7. Sie ist wieder völlig genesen.
8. Er war ja so böse zu mir!

e) Adverbien der Verneinung

1. Er ist weder dumm noch faul.
2. Wird er kommen? – Ich glaube nicht.
3. Wer hat es getan? – Ich nicht!
4. Ich unterschreibe den Vertrag auch nicht.
5. Wir haben unsere Koffer nirgends gefunden.
6. Er will es nie mehr tun.
7. Begleiten Sie mich? – Nein, Herr Meier.
8. Ich spreche vom Film und nicht vom Theater.
9. Er wollte nur noch sterben.

f) Adverbien der Bejahung

1. Ist er intelligent? – Ich glaube schon.
2. Bleibst du bei uns? – Ja.
3. Ist er nicht gekommen? – Doch, aber verspätet.
4. Nehmen Sie keinen Wein? – Doch, aber nur ein Schlückchen.
5. Ist er krank? – Ja, man sagt es.

Steigerung und Vergleich

186 *Bilden Sie aus jeder Angabe*

> *a) einen Vergleich der Gleichheit,*
> *b) einen Komparativ mit »plus«,*
> *c) einen Komparativ mit »moins«:*

Beispiel: Jean travaille vite (Paul).

> *a) Jean travaille aussi vite que Paul.*
> *b) Jean travaille plus vite que Paul.*
> *c) Jean travaille moins vite que Paul.*

1. Jacques parle bien français (Louise).
2. Pierre travaille soigneusement (Paul).
3. Jean est gravement malade (Jacques).
4. Marguerite mange lentement (Frédéric).
5. Paul est facilement content (Gilbert).
6. Charles parle courageusement (Anne).
7. Jacqueline vient souvent (Pierre).
8. Louis lit mal (Philippe).
9. Louise est difficilement contente (Jeanne).
10. Ma voiture roule vite (ta voiture).

187 *Übersetzen Sie:*

1. Karl ist früher angekommen als Hans.
2. Paul arbeitet schneller als sein Bruder.
3. Hans hat am schnellsten gearbeitet.
4. Peter kommt ebenso spät wie Hans.
5. Mein Bruder hat ebenso schlecht gearbeitet wie mein Freund.
6. Mein Freund hat besser gearbeitet als mein Bruder.
7. Mein Wagen läuft langsamer als dein Wagen.
8. Dein Wagen läuft ebenso langsam wie mein Wagen.
9. Hans kommt später als Peter.

188 *Schwierigere Übersetzung zur Steigerung:*

1. Er ist besser gekleidet als früher.
2. Er kommt nicht. Um so besser!
3. Wir haben viele Rosen im Garten. Unsere Nachbarn haben dafür mehr Nelken.
4. Er ist weniger dumm als du glaubst.

5. Dem Verletzten geht es heute schlechter als gestern.
6. Peter malt von meinen drei Kindern am besten.
7. Die Lage wird immer schlimmer.
8. Hans wird am meisten Erfolg haben.
9. Dein Aufsatz ist am schlechtesten geschrieben.

»Mieux« oder »meilleur«?

189 *Setzen Sie die richtige Form:*

1. Ce vin est bien . . . . . que celui de l'autre jour.
2. J'aime . . . . . ne pas avoir de l'argent que d'en avoir peu.
3. C'est le . . . . . livre que je connaisse.
4. Ce livre-là est celui qui est le . . . . . écrit des deux.
5. Revenez demain, cela vaut . . . . .
6. Ce rôti est le . . . . . que j'aie jamais mangé.
7. Quelle est la . . . . . œuvre de ce poète?
8. Ce poème est vraiment . . . . . rédigé que le précédent.
9. Apportez-moi le . . . . . vin que vous avez dans la cave!
10. Elle est ma . . . . . élève.

»Beaucoup«, »très«, »fort« und »bien« im Sinne von »sehr«

190 *Setzen Sie das richtige Adverb und stellen Sie fest, wie viele Möglichkeiten es jeweils gibt:*

1. Je suis . . . . . content.
2. Cette histoire est . . . . . intéressante.
3. Votre manteau me plaît . . . . .
4. La qualité de cette marchandise est . . . . . supérieure.
5. La nouvelle secrétaire est . . . . . plus polie que l'ancienne.
6. Cette histoire m'intéresse . . . . .
7. Il est . . . . . intelligent.
8. Elle est . . . . . moins intelligente que ma sœur.
9. Il travaille . . . . . rapidement.

Adverb, adverbial gebrauchtes Adjektiv und reines Adjektiv

191 *Berichtigen Sie – wenn nötig – die Klammern und übersetzen Sie:*

1. Notre maison a tenu (bon) au cours du bombardement.
2. Paul est parti (malheureux).

3. «Peuh», fit le policier, (furieux).
4. (Malheureux), Paul est mort.
5. Les livres ont coûté (cher).
6. Les enfants se sont endormis (tranquille).
7. Elle a les yeux (grand) ouverts.
8. Le policier s'arrêta (court).
9. Elle a parlé (haut).
10. Il a regardé (droit) devant lui.
11. Les avions supersoniques volent d'ordinaire très (haut).
12. Pendant les vacances, j'ai travaillé (dur).
13. Quand je la vis la dernière fois, elle était (tout) heureuse.
14. L'officier cria (fort).
15. Il chante (tel) (faux) qu'on ne peut pas le supporter.
16. Ce rôti sent (bon).
17. Elle est (tout) triste aujourd'hui.
18. Il a tant bu qu'il voit tout (double).

Stellung der Adverbien der Verneinung beim Infinitiv

192 *Setzen Sie die kursiv gedruckten Verben in die verneinte Form:*

1. J'espère *rencontrer* mon ami à Paris.
2. Il se rappelle *avoir* trouvé son livre.
3. Elle l'a dit pour vous *inquiéter*.
4. Ils affirment *avoir entendu* l'auto des voleurs.
5. Il a promis de *revenir* (nie mehr).

Umschreibung statt Adverb

193 *Setzen Sie statt des Adverbs oder der adverbialen Bestimmung eine verbale Umschreibung:*

1. L'enfant est presque tombé.
2. Il est arrivé tout à l'heure.
3. Mon frère va volontiers au cinéma.
4. Cet orage viendra bientôt.
5. Si vous passez par hasard devant l'Opéra, faites-moi retenir une place.
6. Il ne pleut plus.
7. Elle fait toujours des bêtises.
8. Ne prétendez pas obstinément avoir vu le voleur!
9. Il a fermé les fenêtres en toute hâte.
10. Au début, il a ri, à la fin, il a pleuré.

194 *Übersetzen Sie die deutschen Adverbien mit einem verbalen Ausdruck:*

1. Wollen Sie Obst oder Käse? – Ich esse lieber Käse.
2. Er arbeitet vergeblich. Er wird keinen Erfolg haben.
3. Nach der Pause haben wir wieder gearbeitet.
4. Hoffentlich kommt er nicht!
5. Vermutlich dauert die Wirtschaftskrise an.

195 *Adverbiale Ausdrücke mit Adjektiven, von denen kein Adverb abgeleitet werden kann. Lösen Sie die Klammern auf:*

1. Il dit (content): «Je suis riche.»
2. Après la dispute, il dit (fâché): «Laissez-moi tranquille!»
3. Il répondit (concis).
4. Il ouvrit (tremblant) sa valise et montra le contenu au douanier.

196 *Setzen Sie für die folgenden Adverbien eine (meist elegantere) Umschreibung:*

1. Elle a ouvert la porte prudemment.
2. Le malade attendait patiemment dans l'antichambre du médecin.
3. Il a impunément tué trois personnes.
4. Le policier suivit le voleur péniblement.
5. Les étudiants suivaient attentivement ce cours.
6. Les enfants écoutaient silencieusement.
7. Ils ont alternativement pris la parole.
8. Elle s'habille toujours très élégamment.
9. Il a dit courageusement son opinion.

Verschiedene Übungen

197 *Ersetzen Sie den kursiv gedruckten Ausdruck durch eine lateinische adverbiale Bestimmung:*

1. Il m'a expliqué *en gros* de quoi il s'agit.
2. On m'a envoyé *gratuitement* le livre demandé.
3. Je vous informerai de l'affaire *dans tous ses détails*.
4. Il a signé le contrat seulement *pour la forme*.
5. La séance fut ajournée *à un jour indéterminé*.
6. Transformez les verbes en substantifs et *inversement!*
7. Il est l'aîné et a donc *de prime abord* droit au trône.

198 *Übersetzen Sie folgende seltenere Adverbien ins Deutsche:*

1. Sa santé va cahin-caha.
2. Les enfants marchèrent à reculons.
3. Il feuilleta à loisir l'album de photos.
4. Le poète a derechef fait publier un tome de poèmes.
5. Je le lui dirai bon gré mal gré.
6. La Russie a été gouvernée par cinq femmes de suite.
7. Il devint pauvre tout d'un coup.
8. La beauté est précieuse, mais la vertu l'est davantage.
9. Obéissez sans tarder davantage.

DAS ZAHLWORT (L'ADJECTIF NUMÉRAL)

Leseübungen zu den Zahlen

199 *Lesen Sie folgende Zahlen:*

11	11	19	15	2	1	3	4	7	9
22	21	29	25	4	3	6	8	14	18
33	31	39	35	6	5	9	12	21	27
44	41	49	45	8	7	12	16	28	36
55	51	59	55	10	9	15	20	35	45
66	61	69	65	12	11	18	24	42	54
77	71	79	75	14	13	21	28	49	63
88	81	89	85	16	15	24	32	56	72
99	91	99	95	18	17	27	36	63	81

200 *Lesen Sie folgende Zahlen:*

12	222	346	2345	9876	9870	812
112	333	53	3456	8765	3736	391
976	444	857	4567	7654	273	877
485	555	938	5678	6543	54	849
999	666	45	6789	5432	2	956
51	777	92	7891	4321	5987	311
91	888	67	8912	3219	765	115
33	999	357	9123	2198	91	285
598	111	45	1234	1987	46	255

201 *Lesen Sie laut und möglichst rasch:*

$$2 + 4 = 6 \qquad 19 - 3 = 16 \qquad 3 \times 3 = 9$$
$$4 \times 5 = 20 \qquad 4 - 4 = 0 \qquad 6 : 3 = 2$$
$$3 + 7 = 10 \qquad 17 + 5 = 22 \qquad 21 : 7 = 3$$
$$22 \times 3 = 66 \qquad 66 : 2 = 33 \qquad 3 + 9 = 12$$

Übersetzungsübung zum Zahlwort

202 *Übersetzen Sie:*

1. Den wievielten haben wir heute? – Heute haben wir den (Tages-datum).
2. Schlagen Sie auf: Seite eins; lesen Sie: Abschnitt eins, Zeile eins!

3. In unserer Schule sind dreihunderteinunddreißig Knaben und fünf-
   hunderteinundfünfzig Mädchen.
4. Die Hälfte von zehn ist fünf.
5. Wir brauchen die Ware bis zum ersten Juli.
6. Napoleon I. wurde in Ajaccio geboren.
7. Ludwig XIV. wurde der Sonnenkönig genannt.
8. Ich bin am 26. April geboren.
9. Die vier Grundrechnungsarten sind: Addieren, Dividieren, Sub-
   trahieren und Multiplizieren.
10. Er bleibt ein halbes Jahr in der Schweiz.

DAS PERSONALPRONOMEN (LE PRONOM PERSONNEL)

Personalpronomen als Subjekt

203 *Setzen Sie folgende Sätze*

> *a) in die einfache Frageform,*
> *b) in die Frageform mit »est-ce que«,*
> *c) in die verneinte Aussageform,*
> *d) in die verneinte einfache Frageform,*
> *e) in die verneinte Frageform mit »est-ce que«.*

1. Il se trouve au jardin.
2. Elle est malade.
3. Ils sont à la maison.
4. Vous avez peur.
5. Elles ferment la porte.
6. Elle cherche la bicyclette.

204 *Gleiche Übung im Perfekt:*

1. Il est arrivé à Paris.
2. Tu as oublié ton livre.
3. Il est tombé malade.
4. Nous avons fermé la fenêtre.
5. Il est allé au lit.
6. Elles ont fini les travaux.
7. Nous avons vu ce film.

205 *Setzen Sie folgende Sätze ins Präsens:*

1. Pourquoi n'ont-ils pas porté les valises?
2. Où avons-nous stationné la voiture?
3. J'ai travaillé chez mon ami.
4. Elle n'a pas apporté la carte.
5. N'avez-vous pas gagné?
6. A-t-il donné le cahier au professeur?

206 *Setzen Sie folgende Sätze ins Perfekt:*

1. Donnez-vous la serviette au garçon?
2. Pourquoi ne portons-nous pas la table dans la salle à manger?
3. Manquez-vous souvent le train?

4. Je ne donne pas le livre à mon frère.
5. Parle-t-il français?
6. Ne cherche-t-il pas la valise?
7. Ils montrent les photos à leurs parents.
8. Ne trouvent-elles pas la clé?

207 *Übersetzen Sie:*

1. Wir bringen die Bücher.
2. Hat sie die Blumen gebracht?
3. Ich habe den Wecker gefunden.
4. Hast du den Wecker gefunden?
5. Sie (die Mädchen) suchen die Bürste.
6. Habt ihr Hunger?
7. Er ist nicht zu Hause.
8. Haben Sie die Bücher gefunden?
9. Wir suchen die Kinder.
10. Er hat die Karte nicht gebracht.

Pronominalobjekte

208 *Ersetzen Sie das direkte Objekt durch das entsprechende Pronomen:*

1. Le chef rédige ce texte.
2. Il ouvre la fenêtre.
3. Les parents grondent les enfants.
4. Il dit la vérité.
5. Elle achète les pommes.
6. Les enfants cherchent les livres.
7. Ma femme écrit la lettre.
8. Elle cherche la bague.

209 *Ersetzen Sie das indirekte Objekt durch das entsprechende Pronomen:*

1. Il pardonne à son frère.
2. Cette bague plaît à ma mère.
3. Jean ressemble beaucoup à son père.
4. Jacques obéit à ses parents.
5. Ma mère répond à cet homme.
6. Ce commerçant nuit beaucoup à mes parents.
7. Elle écrit à son oncle.

210 *Setzen Sie die Übungen 208 und 209 (und ihre Lösungen)*

a) ins Perfekt (Partizipveränderlichkeit beachten!);
b) in die Frageform mit und ohne Umschreibung (Perfekt);
c) in die verneinte Aussage (Perfekt);
d) in die verneinte Frage mit und ohne Umschreibung (Perfekt).

211 *Übersetzen Sie:*

1. Er hat mir nie verziehen.
2. Ich habe ihnen nicht geantwortet.
3. Wir haben ihn (den Zug) versäumt.
4. Wir werden euch bald schreiben.
5. Meine Schwester sieht mir ähnlich.
6. Die Kinder gehorchen uns nie.
7. Wir sehen Sie so selten!
8. Findet ihr ihn (den Schlüssel) nicht?
9. Gefällt sie (die Tasche) Ihnen?
10. Morgen werden wir ihnen schreiben.

212 *Ersetzen Sie die beiden Objekte durch die entsprechenden Personalprono-*
men (Partizipveränderlichkeit beachten!):

1. J'ai montré les photos à mon ami.
2. Il présentera son ami à sa femme.
3. Elle a présenté ses parents à son chef.
4. Nous prêterons notre voiture à nos voisins.
5. Il racontait toujours la même histoire à mes enfants.
6. Vous donnerez ces conseils à vos élèves!
7. Mon collègue a exposé ses idées au directeur.
8. J'ai donné la clé à ma tante.
9. Elle a montré son travail à ses amis.
10. Tu donneras les livres aux étudiants!

213 *Setzen Sie Übung 212 (und die Lösungen) in die verneinte Frage mit*
Inversion.

214 *Beantworten Sie folgende Fragen a) positiv, b) negativ und ersetzen Sie*
dabei alle Substantive durch Pronomen (Fragen mit »vous« sind mit
»nous« zu beantworten):
Beispiel: Avez-vous vu ce film? – Oui, nous l'avons vu. – Non, nous
ne l'avons pas vu.

1. Avez-vous écouté ce monsieur?
2. Est-ce que tu as toujours obéi à tes parents?

3. Avez-vous déjà rendu le livre à votre professeur?
4. Est-ce que votre secrétaire a remis la lettre au patron?
5. Est-ce que maman a donné mes jouets à cet enfant?
6. Donneras-tu cette somme à ton frère?
7. Vendras-tu ta maison à cet homme?
8. Est-ce que le médecin a dit la vérité à cette malade?
9. Est-ce que Jean vous a raconté ses aventures?
10. M'as-tu déjà rendu mes livres?
11. Vous êtes-vous procuré les documents nécessaires?
12. Est-ce que ton père prêtera cette somme à ton frère?
13. Est-ce que ta robe a plu à ta mère?
14. Avez-vous remboursé les frais de voyage à cet homme?
15. Montreras-tu les photos à ton amie?

215 *Pronominalobjekte beim Infinitiv. Ersetzen Sie die kursiv gedruckten Satzteile durch die entsprechenden Pronomen oder Pronominaladverbien:*

1. Ton frère aurait dû dire *qu'il viendrait si tard.*
2. Je ne veux pas mentir *à mes parents.*
3. Nous n'aurions pas dû accepter *son cadeau.*
4. Je vais te dire *où j'ai acheté ces gants.*
5. Pouvez-vous expliquer *à ce monsieur comment on se rend à la gare?*
6. Je ne ferai pas venir *mon frère.*
7. Nous n'avons pas entendu siffler *l'agent de police.*
8. Je vais envoyer *ce colis à ma vieille tante.*
9. Je ne saurais vous dire *si ce monsieur habite encore ici.*
10. Je laisse *les enfants* jouer *dans mon jardin.*

216 *Gleiches Thema. Setzen Sie in folgende Sätze die angegebenen Hilfsverben (in der entsprechenden Zeitstufe) ein:*

1. vouloir: Je le fais.
2. savoir: Il ne vous le dira pas.
3. vouloir: Il ne me les a pas donnés.
4. pouvoir: Je ne leur rends pas la somme que je leur dois.
5. oser: Il ne les a pas contredits.
6. daigner: On le lui a offert.
7. aimer mieux: Je ne leur en parle pas.
8. préférer: Je l'ouvre moi-même.

9. pouvoir: Ne les trouvez-vous pas?
10. oser: Elle ne l'a pas dit.

217 *Gleiches Thema. Übersetzen Sie:*

1. Ich habe es euch nicht sagen wollen.
2. Wir können ihr nicht helfen.
3. Ich muß es euch unbedingt sagen (mit: devoir).
4. Er will uns nicht gehorchen.
5. Die Callas singt wunderbar. Ich habe sie schon singen hören.
6. Hier muß das Geldstück liegen. Ich habe es fallen hören.
7. Was, Sie wagen es, mir zu widersprechen?
8. Ich habe sie (das Mädchen) Geige spielen sehen.
9. Ich habe Sie suchen wollen.
10. Ich kann ihn nicht ertragen!

218 *Pronominalobjekte beim Infinitiv im Imperativ. Setzen Sie folgende Imperative in die bejahte Form (Bindestriche beachten!):*

1. Ne le faites pas entrer!
2. N'allez pas la voir!
3. Ne le laissez pas venir!
4. Ne va pas le lui dire!
5. N'allez pas lui dire bonjour!
6. Ne la laissez pas venir.

Die Pronominaladverbien »en« und »y« und das neutrale Pronomen »le«

219 *Das Pronominaladverb »en«. Ersetzen Sie die Ergänzung mit »de« durch »en« und übersetzen Sie die Beispiele:*

1. Ce monsieur vient de Paris.
2. Ma mère descend de la voiture.
3. Voulez-vous encore du vin?
4. As-tu encore du sucre?
5. Je n'ai plus de cigarettes.
6. Combien de cigarettes avez-vous?
7. Nous ne parlerons plus de cette affaire.
8. Mon frère est très fier de son invention.
9. Nous sommes fort contents de cette réponse.
10. Es-tu heureuse de cette invitation?

220 *Das Pronominaladverb »y«. Ersetzen Sie die präpositionale Ergänzung durch »y« und übersetzen Sie die Beispiele:*

1. Je descendrai à la cave.
2. As-tu déjà été à Paris?
3. Demain, nous retournerons à Berlin.
4. Mon ami vit maintenant en France.
5. Nous allons souvent à la campagne.
6. As-tu pensé à mes livres?
7. Crois-tu à la vie éternelle?
8. J'attendrai devant la porte.
9. Elle est entrée dans la chambre.
10. Ont-ils répondu à cette question?

221 *»en« und »y«. Ersetzen Sie die präpositionalen Ergänzungen durch »en« oder »y«:*

1. Je n'ai pas assisté à cette conférence.
2. Est-il encore en prison?
3. Je connais tous les coins de mon pays natal.
4. Est-ce que ton père consentira à ces conditions?
5. Il nous faudrait encore du tissu.
6. J'ai encore une quinzaine de cigarettes.
7. Je suis très heureux de ce cadeau.
8. Un silence absolu régnait dans l'église.
9. Nous avons souvent joué à ce jeu.
10. Je ne manquerai pas à ma promesse.
11. J'ai besoin de ce livre.
12. Avez-vous déjà répondu à cette lettre?
13. Mon père est mort de cette maladie.
14. Elle souffre beaucoup de cette maladie.
15. Je ne tiens pas beaucoup à ce voyage.
16. Nous reviendrons encore à ce chapitre.
17. Cet imbécile n'a pas profité de cette bonne occasion.
18. Nous sommes souvent dans notre jardin.
19. La petite était très attentive à mes paroles.
20. Il a stationné sa voiture devant l'église.

222 *Das neutrale Pronomen »le«. Ersetzen Sie das direkte Objekt durch »le«:*

1. Je sais qu'il est malade.
2. J'espère qu'il réussira.

3. Nous voyons bien que tu as fini.
4. Sait-il que nous avons gagné à la loterie?
5. J'apprendrai à conduire.
6. Il a tout de suite compris qu'elle lui avait menti.
7. Il veut absolument m'inviter.
8. Trouvez-vous qu'elle est belle?
9. Vous voyez que je suis occupé.
10. Je comprends que tu veux ce tableau.

223   *en*, *y* und *le*. Übersetzen Sie:

1. Bin ich wirklich ehrgeizig? – Ja, du bist es!
2. Lassen wir diese Frage jetzt beiseite; wir werden ein andermal darauf zurückkommen.
3. Sind Sie Lehrer? – Ja, aber ich bin es noch nicht lange.
4. Vor unserem Haus hielt eine amerikanische Limousine, und ein hübsches Mädchen stieg aus.
5. Ich habe es für zweckmäßig gehalten, es euch zu sagen.
6. Ich habe drei Tage Urlaub gehabt und ich habe sie sehr genossen.
7. Schon vor vier Wochen hast du den Brief bekommen und erst jetzt beantwortest du ihn!
8. Er ist größer als man glaubt.
9. Ich liebe diesen Park und gehe oft dort spazieren.
10. Fritz hat seine Studien aufgegeben. – Seid ihr dessen sicher?

Unterschiedliche Rektion im Deutschen und im Französischen

224   Übersetzen Sie:

1. Ich habe ihn nicht gefragt.
2. Warum hast du sie (die Eltern) belogen?
3. Wir haben noch nicht mit ihm gesprochen.
4. Er hat sie (seine Frau) nicht überlebt.
5. Sie sind ihm bis zum Bahnhof gefolgt.
6. Mein Bruder hat ihr nicht geholfen.
7. Mein Sohn hat mir nicht widersprochen.
8. Ich habe ihn an unsere Reise erinnert.
9. Seid ihr ihm begegnet?

225 *Übersetzen Sie:*

1. Wir beneiden ihn sehr um sein Auto.
2. Gehört diese Uhr dir? – Ja, ich habe sie geerbt.
3. Sieh dir das schöne Kollier an. Das hat mir mein Mann geschenkt (mit: faire cadeau).
4. Tun Sie mir den Gefallen, wenn ich Sie darum bitte?
5. Wir konnten es nicht ahnen.
6. Ich erinnere mich nicht mehr daran (zwei Lösungen).
7. Jetzt bin ich euch wirklich böse!
8. Wir haben es schon bereut (se repentir).
9. Er hat es nicht ausgenützt.
10. Wir haben ihm nicht getraut. Aber er mißtraut uns auch.

Personalpronomen und Imperativ

226 *Setzen Sie folgende Imperative in die verneinte Form:*

1. Donne-le-lui!
2. Montrez-les-nous!
3. Achetez-vous-en!
4. Croyez-le!
5. Vas-y!
6. Donne-m'en!
7. Souhaitons-le-leur!
8. Parlez-lui-en!
9. Rendez-le-moi!
10. Croyez-moi!

227 *Umgekehrte Übung:*

1. Ne me le montre pas!
2. Ne lui en donne pas!
3. Ne la cherche pas!
4. Ne nous la montre pas!
5. Ne le lui rends pas!
6. Ne leur en donnez pas!
7. Ne me le donne pas!
8. Ne vous en allez pas!
9. Ne leur en parlez pas!
10. Ne les lui donne pas!

Das unverbundene Personalpronomen

228 *Übersetzen Sie:*

1. Wer will uns begleiten? – Wir!
2. Er selbst hat die Sache untersucht.
3. Sie alleine kann euch helfen.
4. *Ich* bin davon überzeugt, *er* nicht!
5. Das ist *mein* Buch, laß es dort, wo es ist!
6. Wer hat das getan? – Ich (wir, er, du).
7. *Ich* wußte nichts davon.
8. Wenn sie nicht kommen will, gehe ich ohne sie.
9. Ist er alleine? – Nein, seine Frau ist mit ihm angekommen.
10. *Ich* bin nicht so reich wie *er!*

229 *Verbundenes oder unverbundenes Personalpronomen? Übersetzen Sie:*

1. Wir haben mit ihm zu tun gehabt.
2. Er kam auf mich zu und sagte: Ich denke oft an dich.
3. Er hat ihm sein Geheimnis anvertraut.
4. Sie sind ein guter Arbeiter. Ich will nicht auf Sie verzichten.
5. Gehören die Häuser alle ihm (zwei Lösungen)?
6. Da bin ich!
7. Wir stellen ihn euch vor.
8. Wir stellen euch ihm vor.
9. Wir haben uns noch nicht an ihn gewöhnt.
10. Wenden Sie sich an uns, wenn Sie etwas brauchen!

230 *»soi«, »lui« und »elle«. Setzen Sie die richtige Form:*

1. Chacun travaille pour . . . . .-même.
2. Chaque homme renferme en . . . . . un monde à part (Chateaubriand).
3. Pensez aux remords que le crime traîne après . . . . .!
4. La tour de l'église laissait voir derrière . . . . . les toits de la cité médiévale.
5. Mon frère n'est pas chez . . . . .
6. Est-ce que le prêtre est chez mon oncle? – Non, il n'est pas chez . . . . .
7. L'avare ne vit que pour . . . . .
8. Ma mère ne peut pas oublier ma sœur. Elle parle constamment de . . . . .
9. Cette jeune fille est insupportable. Elle parle constamment de . . . . .-même.
10. Il ne faut pas toujours penser à . . . . .-même.

Personalpronomen bei »il faut«

231 *Übersetzen Sie mit »il faut« + Infinitiv:*

1. Man muß ihm das Geld wiedergeben.
2. Er muß erst seine Schulden bezahlen.
3. Man muß ihm sagen, daß er unrecht hat.
4. Ich muß davon unterrichtet werden!
5. Ich muß meinen Freund einladen.
6. Man muß es mir sagen!
7. Ich muß es sagen.
8. Er muß zu einem Arzt gebracht werden.

DAS POSSESSIVPRONOMEN
(L'ADJECTIF ET LE PRONOM POSSESSIFS)

Das adjektivische Possessivpronomen

232 *Konjugieren Sie folgende Sätze durch. Das Possessivpronomen ist dabei immer auf das Subjekt bezogen und der vorgegebene Numerus wird beibehalten:*

1. J'ai oublié mon livre.
2. J'ai vendu ma maison.
3. Je regarde mes photos.
4. Je cherche mon porte-monnaie.
5. Je ne trouve pas ma chemise.
6. J'ai vu la mère de mon camarade.
7. Je cherche le stylo de ma mère.
8. J'ai donné mes timbres à mon frère.
9. Je ne montre pas mes cahiers à mon professeur.
10. J'ai montré ma voiture à mon ami.

233 *Setzen Sie das richtige Possessivpronomen (immer auf das Subjekt bezogen) und vergleichen Sie mit dem Deutschen:*

1. Nous avons vendu . . . . . maison.
2. Elle est très fière de . . . . . succès.
3. Janine, donne-moi . . . . . poupée!
4. Je vous présente . . . . . frères, Paul et Guillaume.
5. Presque tous les enfants ont oublié . . . . . livre.
6. Montre-moi . . . . . photos, s'il te plaît!
7. Est-ce que tu as déjà dit bonjour à . . . . . oncle?
8. La mère caressait . . . . . deux enfants.
9. Avez-vous oublié . . . . . livres?
10. Attendez, je vous montre . . . . . diplôme.
11. Ma voisine a envoyé . . . . . enfants chez . . . . . grand-mère.
12. Mon ami m'a montré . . . . . voiture.
13. Donnez-moi . . . . . livre!
14. J'ai vendu . . . . . voiture.
15. Nous avons invité . . . . . voisins.

234 *Das adjektivische Possessivpronomen vor Vokalen. Setzen Sie die richtige Form (immer auf das Subjekt bezogen), geben Sie das Geschlecht der Substantive an und lesen Sie laut:*

1. J'ai rencontré . . . . . amie dans la rue.
2. Enfin il a reconnu . . . . . erreur.
3. Les deux jeunes filles ont invité . . . . . amies.
4. Je te montre . . . . . école.
5. Est-ce que je vous ai déjà raconté . . . . . étrange aventure?
6. Mon frère a vendu . . . . . auto.
7. Mes parents ont vendu . . . . . auto.
8. Mon frère est fier de . . . . . éclatante victoire.
9. N'invitez pas . . . . . amies!
10. Elle m'a montré . . . . . école!

235 *Übersetzen Sie:*

1. Zeige deiner Schwester meine Photos!
2. Wir sind sehr stolz auf unsere Kinder.
3. Ist dein Onkel Paul der Bruder deines Vaters oder der Bruder deiner Mutter?
4. Meine Nachbarn haben ihren Kindern die Bücher nicht gegeben.
5. Meine Tochter zeigt ihr Heft nicht her.
6. Euere Eltern haben das Haus schon vor einigen Jahren verkauft.
7. Ich suche meine Bücher.
8. Geben Sie mir mein Geld zurück!
9. Geben Sie mir Ihren Koffer!
10. Geben Sie mir ihren Koffer!

Das substantivische Possessivpronomen

236 *Ersetzen Sie die kursiv gedruckten Satzteile durch das entsprechende substantivische Possessivpronomen:*

1. A qui est ce livre? – C'est *mon livre*.
2. Qui a eu cette idée? – C'est *mon idée*.
3. A qui appartient cette table? – C'est *ma table*.
4. Quelle voiture prendrons-nous? – Nous prendrons *ma voiture*.
5. Est-ce que c'est votre chapeau? – Non, ce n'est pas *mon chapeau*. – Ah, voilà *votre chapeau*.
6. Ton amie s'est promenée dans une voiture rouge. – Est-ce que c'est *sa voiture*?

114

7. Nos amis ont emporté nos disques et nous ont laissé *leurs disques*.
8. Ma robe ne me plaît guère. – J'aime mieux *ta robe*.
9. Notre appartement est plus confortable que *leur appartement*.
10. Quels sont nos disques et quels sont *vos disques?*
11. Votre voiture va plus vite que *notre voiture*.
12. Voici ma clé et voilà *ta clé*.
13. Je crois que ce sont vos cigarettes. – Mais où sont *mes cigarettes?*
14. Quelle voiture prendrez-vous? – *Sa voiture*, je crois.
15. Est-ce que c'est ta propre voiture? – Oui, c'est *ma propre voiture*.

237 *Übersetzen Sie:*

1. Ist das Ihr Haus? – Ja, das ist meines.
2. Meine Schwester und deine sind Freundinnen.
3. Sind das euere Bücher? – Ja, das sind unsere.
4. Unsere Kinder und euere spielen im Garten.
5. Sind das die Photos euerer Freunde? – Ja, das sind die ihren.

»ihr«, »Ihr« und »sein«

238 *Übersetzen Sie:*

1. Herr Larpin und seine Tochter waren im Kino.
2. Herr und Frau Leroux und ihre Tochter waren im Konzert.
3. Herr und Frau Dupont und ihre Kinder sind zum Skifahren gegangen.
4. Frau Dupont und ihr Sohn wohnen nicht mehr hier.
5. Frau Larpin und ihre Schwester sind umgezogen.
6. Frau Leroux und ihre Freundin haben uns eingeladen.
7. Mein Bruder hat seinen Freund und dessen Schwester eingeladen.
8. Mein Bruder hat seinen Freund und seinen Lehrer eingeladen.
9. Ihr Koffer ist zu schwer, mein Fräulein.
10. Geben Sie mir Ihre Tasche!
11. Geben Sie mir ihre Tasche!
12. Geben Sie mir ihren Schlüssel!
13. Geben Sie mir seinen Schlüssel!
14. Geben Sie mir Ihren Schlüssel!

Bestimmter Artikel oder Possessivpronomen?

239 *Setzen Sie Artikel oder Pronomen ein und vergleichen Sie mit dem Deutschen:*

1. Elle n'est pas venue, parce qu'elle a mal à . . . . . tête.

2. Ce que j'aime surtout chez Janine, ce sont . . . . . beaux cheveux blonds.
3. La marquise portait un magnifique diadème sur . . . . . tête.
4. Quand je m'approchai de lui, il ouvrit . . . . . yeux.
5. Quand je m'approchai d'elle, elle leva . . . . . yeux fatigués de dessus son livre.
6. Lorsque je l'ai vue pour la première fois, j'ai surtout remarqué . . . . . longues mains fines.
7. Il a enlevé . . . . . manteau et a posé . . . . . chapeau sur la table.
8. Lorsque la porte s'ouvrit, il leva . . . . . tête.
9. Mettez . . . . . robe rouge, elle vous va tellement bien!
10. Quand les invités eurent quitté la salle, il allongea . . . . . jambes.
11. Il traîne . . . . . jambe gauche.

Possessives »en«

240 *Ersetzen Sie das kursiv gedruckte Possessivpronomen durch »en« + bestimmten Artikel:*

1. Connais-tu ton pays natal? – Oui, je crois bien que je connais tous *ses* coins.
2. Vois-tu notre maison? – Oui, je vois juste *son* toit.
3. Je me souviens de ce contrat, mais je ne me rappelle plus *ses* détails.
4. Puisque vous connaissez cette machine, je vous prie de m'expliquer *son* maniement.
5. Voilà la boîte que je cherche. – Mais où est *son* contenu?
6. Quoi, vous connaissez la Normandie et n'aimez pas *son* paysage?
7. Je ne peux pas emporter tous les cinq volumes de cette œuvre; je prendrai donc *ses* deux premiers tomes.
8. Mon père connaît la Russie et il connaît aussi *son* histoire.
9. Montrez-moi le tableau, s'il vous plaît! Je crois que je connais *son* auteur.
10. Nous ne pouvions pas voir l'église, mais nous entendions *son* carillon.

Possessivpronomen vor h-Substantiven

241 *Setzen Sie das (auf das Subjekt bezogene) Possessivpronomen und lesen Sie laut:*

1. Il prit . . . . . hache et s'en alla.
2. Je n'ai pas trouvé . . . . . hôtel.

3. Je ne vous prêterai pas . . . . . harmonica.
4. Il n'a jamais démenti . . . . . habitude.
5. Est-ce qu'il vous a déjà montré . . . . . harpe?
6. Laisse-moi tranquille avec . . . . . homéopathie!
7. Jean n'a pas mangé . . . . . haricots.
8. Il eut du mal à réprimer . . . . . haine.
9. Je l'ai assuré de . . . . . haute considération.

Häufige Besonderheiten und allgemeine Wiederholung

242 *Übersetzen Sie:*

1. Lassen Sie den Hut liegen! Das ist mein Hut, nicht Ihrer!
2. Wie geht es Ihrer Frau Mutter?
3. Ist das dein eigener Wagen oder ein Dienstwagen? – Das ist mein eigener.
4. Ihr Garten und meiner sind die beiden schönsten der ganzen Straße.
5. Wer hat Ihnen das befohlen? – Sie selbst, Herr Hauptmann.
6. Grüßen Sie Ihren Herrn Vater von mir!
7. Seine und meine Kinder sind befreundet.
8. Er hat sich das Gedankengut (les idées) seines Vaters zu eigen gemacht.
9. Sein Sohn und meiner haben zusammen ein Auto.
10. Wem gehört das Mietshaus? – Mir selbst (mit: propre).

243 *Gallizismen. Übersetzen Sie:*

1. Ihr Verlobter war Soldat, und sie hatte lange Monate keine Nachricht von ihm.
2. Mein Sohn, ich sehe, du hast die Zeit genützt.
3. Als die Kinder sahen, daß ihre Katze von einem Hund angefallen wurde, eilten sie ihr zu Hilfe.
4. Mein Bruder ist um sechs Jahre jünger als ich.
5. Mein Vater ist um Mitternacht am Hauptbahnhof angekommen, und ich bin ihm entgegengegangen.
6. Die beiden Soldaten liefen aus Leibeskräften.
7. Im Anschluß an den Vortrag des Botschafters findet ihm zu Ehren ein Empfang statt.
8. Peter tut sein Möglichstes, um es seinen Mitschülern gleichzutun.
9. Um elf Uhr abends war das Fest schon auf dem Höhepunkt angelangt.
10. Wer fährt fort? – Ich bin an der Reihe.

244 *Seltenere Besonderheiten. Setzen Sie das fehlende Possessivpronomen ein:*

1. J'ai retrouvé l'autre jour un . . . . . article (Montherlant).
2. Il est dans . . . . . onzième année.
3. Nous suivions chacun . . . . . chemin (Lamartine).
4. Si tu continues ainsi, tu seras champion, car c'est déjà . . . . . huitième victoire.
5. Les Soviets déclaraient faire . . . . . toutes les revendications turques (Grousset).
6. Dans . . . . . yole, mon ami s'approcha de la côte à toute vitesse.
7. Il a fait . . . . . les idées de son oncle.
8. Je ne pouvais pas voir le hibou, mais j'entendais . . . . . ululation.
9. Il a fait . . . . . le style de vie de son épouse.
10. Regardez mon appartement comme . . . . .

DAS DEMONSTRATIVPRONOMEN
(L'ADJECTIF ET LE PRONOM DÉMONSTRATIFS)

Das adjektivische Demonstrativpronomen

245 *Setzen Sie die richtige Form:*

1. Regarde . . . . . maison, n'est-elle pas belle?
2. Il a souvent parlé de . . . . . jeune homme.
3. Avez-vous déjà lu . . . . . livre?
4. Connaissez-vous . . . . . auteur?
5. Prenez . . . . . livre!
6. A qui sont . . . . . deux maisons?
7. C'est mon père qui a planté . . . . . arbre.
8. Je l'ai rencontré . . . . . matin.
9. . . . . . voiture est à notre voisin.
10. Il faut aider . . . . . pauvre homme.
11. Le marchand de voitures nous a particulièrement recommandé . . . . .
    fourgonnette.
12. Notre maison se trouve derrière . . . . . deux grands arbres.
13. Je vous recommande . . . . . dictionnaire.
14. Regarde . . . . . enfant!
15. . . . . . deux maisons sont à nous.

246 *Übersetzen Sie:*

1. Ich habe dieses Buch auf der Straße gefunden.
2. Gib mir bitte das Heft dort her!
3. Warte, ich werde (futur proche) nur den Brief hier fertigschreiben
   (beenden).
4. Sind diese Kinder Ihre Enkel?
5. Hast du diese Bücher schon gelesen?
6. Ich empfehle Ihnen diesen Wein.
7. Wir haben diese Frau noch nie gesehen.
8. Wir haben dieses Lexikon nicht genommen.
9. Nimmst du diesen Koffer?
10. Ich wohne in diesem Haus.

247 *Das adjektivische Demonstrativpronomen vor h-Substantiven. Setzen Sie*
die richtige Form und lesen Sie laut:

1. Il n'a pas mérité . . . . . honneur.
2. Vois-tu . . . . . hêtre là-bas?

3. . . . . . haricots verts ne sont pas très chers.
4. Qui veut encore . . . . . hareng saur?
5. Nous ne descendrons plus jamais dans . . . . . hôtel.
6. J'ai déjà entendu parler de . . . . . héros.
7. Ma maman ne connaît pas . . . . . homme.
8. Combien coûte . . . . . hors-bord?
9. Regarde . . . . . hérisson! N'est-il pas joli?
10. . . . . . hiver, j'irai de nouveau faire du ski.

Das substantivische Demonstrativpronomen

248 *Ersetzen Sie die kursiv gedruckten Satzteile durch das entsprechende substantivische Demonstrativpronomen:*

1. Quel livre prenez-vous? – Je prends *ce livre*-là.
2. Ce dictionnaire est mauvais. Prenez plutôt *le dictionnaire* à gauche.
3. Regarde cette jeune fille, *cette jeune fille* au chapeau vert!
4. De quelles maisons parlez-vous? – Nous parlons *des maisons* de Monsieur Pequin.
5. *Les gens* qui travaillent beaucoup gagnent beaucoup d'argent.
6. Si vous cherchez une cravate élégante, prenez *cette cravate*-ci!
7. J'aime les tragédies de Corneille et *les tragédies* de Racine.
8. Les parents de ma mère et *les parents* de mon père sont déjà morts.
9. Les propositions du ministre et *les propositions* du président sont très différentes.
10. Je vais vous montrer mon nouveau tableau, *le tableau* que j'ai acheté il y a huit jours.

249 *Übersetzen Sie:*

1. Heute hat mich ein Freund besucht, weißt du, der mit dem roten Peugeot.
2. Das Haus da unten, das mit den zwei Kaminen, gehört meinem Vater.
3. Welchen Wein empfehlen Sie mir? – Den dort auf dem Regal.
4. Welches Haus gehört euch? – Das neben der Kirche.
5. Das ist mein Sohn, wissen Sie, der, der in Amerika war.
6. Welches Hemd soll ich anziehen? – Nimm das hier!
7. Die Theaterstücke von Anouilh und auch die von Giraudoux werden in Deutschland oft aufgeführt.
8. Diejenigen, die arbeiten, können sich nicht langweilen.

9. Man unterscheidet zwei Arten von Motoren: den Viertaktmotor und den Zweitaktmotor.
10. Welches Lexikon empfehlen Sie mir? – Das hier.

Gebrauch von »ceci«, »cela«, »ce«, »il« und »ça«

250 *Setzen Sie »ceci« oder »cela« ein:*

1. Je vous dis . . . . . : Ne croyez pas . . . . . !
2. Ton frère est un imbécile. Dis-lui . . . . . de ma part!
3. Dites . . . . . de ma part à votre frère: Il n'est pas venu lorsque j'avais besoin de lui; qu'il reste maintenant où il est!
4. Je ferai un tour en montagne. . . . . . me fera du bien.
5. . . . . . est un Renoir, ... c'est un Degas.
6. Je ne veux plus voir votre ami. Dites-lui . . . . . !
7. Nous vous recommandons . . . . . : Rentrez chez vous et parlez à votre mère de cette affaire!
8. . . . . . me fait du bien de me promener chaque jour une heure.
9. Soyez prudent, ... vaut mieux!
10. Je vous ai dit . . . . . mille fois.

251 *»Ce« und »cela«. Setzen Sie »ce« überall, wo es möglich ist:*

1. Il ne veut pas partir, ... est évident.
2. Veux-tu que je parte? – Non, reste ici, ... ne me gêne pas.
3. Cette mesure est très utile, ... me semble.
4. Il ne peut pas réussir; . . . . . se voit.
5. Je resterai seulement deux semaines, ... se comprend.
6. Je ne peux pas le croire, ... doit être une erreur.
7. Promettre, ... n'est pas tenir.
8. . . . . . ne peut pas être vrai!
9. . . . . . doit lui faire du bien de voir son adversaire dans la gêne.
10. . . . . . n'est pas vrai! . . . . . n'est pas possible! . . . . . nous ruinera!

252 *Setzen Sie »cela« oder »il« ein:*

1. . . . . . ne me coûterait qu'un petit effort de l'aider.
2. . . . . . me semble qu'il ne va plus venir.
3. . . . . . est clair qu'il a tort.
4. Je ne veux pas toujours répéter la même chose, ... me fatigue.
5. Aujourd'hui, ... fait meilleur qu'hier.
6. Je crois que . . . . . vaut mieux ne pas lui dire la vérité.

7. Il se plaint constamment; . . . . . ne me plaît pas.
8. . . . . . lui fera plaisir d'entendre que son fils a réussi à l'examen.
9. N'allez pas au cinéma, ... ne vous distraira guère.
10. . . . . . est difficile de le convaincre.

253 *Setzen Sie »ce« oder »il« ein:*

1. . . . . . n'est pas prouvé qu'il ait raison.
2. . . . . . est une honte que de parler de la sorte!
3. . . . . . est peu d'avoir un seul enfant.
4. Elle ne vient plus, ... est évident.
5. Elle a commis une faute, ... est vrai, mais elle s'en est repentie.
6. . . . . . est odieux d'être arrogant envers ses subordonnés.
7. . . . . . est nuisible à sa réputation qu'il ne paie pas ses factures.
8. Allons-nous-en, ... est l'heure!
9. . . . . . est temps de partir.
10. . . . . . n'est pas assez de penser juste; . . . . . faut donner l'exemple.

254 *Setzen Sie das richtige Pronomen. Zur Wahl stehen: »ceci«, »cela«, »ça«,*
»ce«, »il«:

1. Tout à coup . . . . . plut; . . . . . arrive souvent en Bavière.
2. . . . . . soir, nous irons au cinéma; . . . . . te distraira.
3. . . . . . est évident que notre ami veut partir . . . . . soir.
4. . . . . . semble que le général n'ait plus envie d'avancer; . . . . . est
   compréhensible; mais . . . . . va de soi que dans . . . . . cas-là nous nous
   retirerons aussi.
5. . . . . . est cinq heures? – Alors, ... est temps de partir.
6. Qu'est-ce que c'est que . . . . .? . . . . . est un hélicoptère, ... se voit.
7. Viendras-tu . . . . . soir? – . . . . . est entendu! . . . . . va de soi! Et
   . . . . . va de soi que j'apporterai un bouquet de fleurs.
8. Est-ce que . . . . . vous gênerait de m'indiquer votre nom?
9. . . . . . arriva une dizaine de soldats; . . . . . arrive souvent pendant
   la manœuvre.
10. Nous irons danser, ... nous distraira un peu. – Oui, ... sera
    magnifique, ... me fera plaisir.

255 *Stilübung zu »ce«. Entscheiden Sie, ob in folgenden Sätzen das »ce«*
obligatorisch, sehr gebräuchlich oder fakultativ ist:

1. La chose la plus fâcheuse, ... est que nous n'avons plus d'argent.
2. Ma meilleure aide, ... est vous!

122

3. Partir, ... est mourir un peu.
4. Promettre, ... n'est pas tenir.
5. La rose . . . . . est une belle fleur.
6. Ce que je hais avant tout, ... est la fausseté!
7. La vertu la plus grande, ... est d'être tolérant.
8. Ce que je crains, ... est que Jean ne soit pas assez acharné.
9. Mourir pour son pays, ... est une belle mort.
10. Bien écrire, ... est tout à la fois bien penser, bien sentir et bien rendre (Buffon).

Das deutsche neutrale Pronomen »wer« und idiomatische Wendungen

256 *Übersetzen Sie:*

1. Der Lehrer sagte zu den Mädchen: »Wer das gesagt hat, wird bestraft!«
2. Seien Sie beruhigt, ich werde es dieser Tage tun.
3. Der General ließ die Soldaten kommen und sagte zu ihnen: »Wer sich beschweren möchte, kann es jetzt tun.«
4. An jenem Morgen stand Philipp bald auf.
5. Hans gab seinem Bruder eine Ohrfeige; daraufhin verließ er das Zimmer.
6. Als ich heute morgen aufwachte, hatte ich schon Kopfschmerzen.
7. Kommst du heute nachmittag?
8. Hans hat Schulden, Peter dagegen hat viel Geld; letzterer arbeitet aber auch mehr.
9. Als alle Studenten versammelt waren, sagte der Professor zu ihnen: »Wer an dieser Exkursion teilnehmen möchte, muß sich im Sekretariat in eine Liste eintragen lassen.«
10. Ich komme noch heute nacht nach Hause zurück.

DAS RELATIVPRONOMEN (LE PRONOM RELATIF)

Die einfachen Relativpronomina »qui«, »que« und »dont«

257 *Setzen Sie »qui« oder »que« ein:*

1. La jeune femme . . . . . se trouve là-bas est la sœur de mon ami.
2. Le monsieur . . . . . j'ai salué tout à l'heure est le professeur Pequin.
3. Le camarade à . . . . . j'ai écrit se trouve actuellement en Amérique.
4. C'est la maison du fabricant pour . . . . . je fais parfois des traductions.
5. La maison . . . . . vous voyez là-bas est celle de mes parents.
6. Le monsieur avec . . . . . il bavarde est le mari de ma cousine.
7. Voilà le livre . . . . . mon frère a acheté pour toi.
8. Mets la robe rouge . . . . . te va si bien!
9. Apporte-moi les ciseaux . . . . . sont sur la table!
10. Qui a pris le livre . . . . . j'avais mis sur la table?
11. Voici le livre . . . . . tu cherches.
12. L'élève à . . . . . j'ai prêté mon cahier n'est pas là aujourd'hui.
13. Le chien . . . . . l'a mordu avait la rage.
14. La robe . . . . . elle porte aujourd'hui est jolie, n'est-ce pas?
15. N'employez pas cette expression . . . . . est un peu vulgaire!

258 *Verwandeln Sie den zweiten Satz in einen Relativsatz mit »qui« (mit oder ohne Präposition) oder »que«:*

1. Voilà le secrétaire; je l'ai prié de venir.
2. Il a acheté une voiture; elle ne marche pas très bien.
3. Voici l'adresse d'un ami; il a fait ses études avec moi.
4. Je vais rendre visite au professeur Albert; il est un ami de mon père.
5. C'est un bon dictionnaire; je l'ai acheté l'autre jour.
6. Mon ami a une jolie sœur; je pense souvent à elle.
7. Le chef a une fille très charmante; j'ai souvent causé avec elle.
8. C'est un roman touchant; je l'ai déjà lu deux fois.
9. Regardez le dessin; mon petit-fils l'a fait.
10. C'est le député; j'ai pris position contre lui.

259 *Übersetzen Sie:*

1. Das ist ein Roman, der sehr amüsant ist.
2. Nehmen Sie das Buch, das ich Ihnen empfohlen habe!
3. Die Wohnung, die wir angeschaut haben, ist hübsch, aber zu teuer.
4. Ist das der Wein, den wir neulich getrunken haben?

5. Ist das der Wein, der so gut ist?
6. Wie heißt die Frau, für die du die Blumen gekauft hast?
7. Der Kollege, mit dem ich arbeite, ist ein Freund meines Bruders.
8. Wo ist der Verlag, der dieses Lexikon herausgibt?

260 *Machen Sie in folgenden Sätzen »secrétaire« zum Bezugswort (anté-cédent), hängen Sie den Rest des Satzes mit Hilfe eines Relativpronomens daran und vervollständigen Sie den Satz sinngemäß:*
Beispiel: J'ai trouvé le secrétaire. – Le secrétaire que j'ai trouvé ne savait rien de cette affaire.

1. Le secrétaire a dit cela.
2. Nous avons rencontré le secrétaire.
3. Mon mari l'a déjà dit au secrétaire.
4. Le secrétaire est arrivé.
5. Il a appris cette nouvelle du secrétaire.
6. J'ai été averti par le secrétaire.
7. Nous parlons du secrétaire.
8. Elle téléphone au secrétaire.
9. J'ai engagé le secrétaire.
10. Le secrétaire m'a montré la lettre.

261 *Gleiche Übung mit »appareil«:*

1. Il m'a montré l'appareil.
2. Nous avons vérifié le fonctionnement de l'appareil.
3. L'appareil ne fonctionne plus.
4. J'ai contrôlé l'appareil.
5. Ils m'ont donné l'appareil.
6. L'appareil est tombé en panne.
7. Le prix de l'appareil est très élevé.
8. Ils ont acheté l'appareil.
9. L'appareil coûte très cher.
10. Les pièces de rechange de l'appareil ne sont pas encore arrivées.

Unterschiedliche Rektion im Deutschen und Französischen

262 *Übersetzen Sie:*

1. Wie heißt die Krankheit, an der Ihr Vater gestorben ist?
2. Das Vertrauen, das er überall genoß, hat sich in Mißtrauen verwandelt.

3. Der Mann, dem Sie vertraut haben, ist ein Verbrecher.
4. Die Stellung, um die du mich beneidest, hat auch ihre Nachteile.
5. Der Student, dem ich neulich geholfen habe, hat mir einen guten Tip gegeben.
6. Das Haus, dem wir uns langsam näherten, sah unheimlich aus.
7. Wie soll ein Volk, das man ständig belügt, die Wahrheit erkennen?
8. Der eine der beiden Männer, denen er gefolgt war, wurde festgenommen.
9. Das ist eine Einzelheit, an die ich mich nicht mehr erinnere (zwei Lösungen).
10. Geben Sie mir alle Bücher, die ich für die Arbeit brauche (zwei Lösungen.)

263 *Übersetzen Sie:*

1. Der Vertreter, mit dem Sie über die Angelegenheit gesprochen haben, ist nicht auf dem laufenden.
2. Gisela, über die du dich lustig gemacht hast, ist nicht so dumm wie du glaubst.
3. Der Kerl, auf den ich schon zwei Stunden warte, ist noch nie vertrauenswürdig gewesen.
4. Die Kur, zu der ich ihm geraten habe, hat ihm wirklich geholfen.
5. Das ist also die Frau, vor der sie sich so fürchtet?
6. Der Zeuge, dem der Richter nicht geglaubt hat, war meines Erachtens die einzige Person, die nicht gelogen hat.
7. Da hast du die zwanzig Francs, um die du mich gebeten hast.
8. Das Haus, das er geerbt hat, ist 100 000 Francs wert.

Stellung der Satzteile im französischen Relativsatz

264 *Übersetzen Sie und vergleichen Sie mit dem Deutschen:*

1. Ich habe das ganze Geld, das ich zur Verfügung hatte, meinem Vater gegeben.
2. Er gab das Geld seinem Vater, der es dann verwaltete.
3. Die Frau, deren Wagen ich gekauft habe, ist verunglückt.
4. Der Händler, von dem ich den Wagen gekauft habe, hat mich betrogen.
5. Das ist eine Krankheit, deren Ursachen man noch nicht kennt.
6. Das ist der Mann, dessen Kindern wir geholfen haben.
7. Ich habe die Photos, die ich in Italien gemacht habe, meinem Freund gezeigt.

8. Das ist der Maler, dessen Bilder so teuer sind.
9. Das ist der Maler, dessen Bild Sie bewundert haben.
10. Zeigen Sie alle Prospekte, die ich Ihnen gegeben habe, Ihrer Frau!

Einfaches Relativpronomen (qui, que) oder »lequel«?

265 *Setzen Sie »lequel« (oder die entsprechende Form) nur, wenn es obligatorisch oder sehr gebräuchlich ist:*

1. Les garçons parmi . . . . . se trouve mon fils sont de véritables voyous.
2. J'ai invité le jeune homme par l'intermédiaire . . . . . j'ai obtenu cet emploi.
3. La femme pour . . . . . il a fait tant de sacrifices l'a quitté.
4. Est-ce que ce sont les livres . . . . . vous avez fait allusion?
5. C'était le bal à l'occasion . . . . . j'ai fait la connaissance de ma femme.
6. Voilà le roman . . . . . nous avons si souvent parlé.
7. Connaissez-vous la dame par l'intermédiaire . . . . . nous avons fait la connaissance du directeur?
8. Montrez-moi le dictionnaire dans . . . . . vous avez trouvé ce terme!
9. Est-ce que c'est la femme avec . . . . . on t'a vu?
10. Est-ce que c'est le disque . . . . . vous avez parlé?
11. De nombreux artistes étaient venus parmi . . . . . j'ai reconnu Paul Duclin et Antoine Plotier.

266 *Machen Sie in folgenden Sätzen jeweils »livre« zum Bezugswort (antécédent), an das Sie den Rest des Satzes mit Hilfe eines Relativpronomens anhängen (wie Übung 260); vervollständigen Sie den Satz sinngemäß:*

1. Je connais bien le livre.
2. Je connais la valeur du livre.
3. Le livre me plaît beaucoup.
4. J'ai trouvé une belle phrase dans le livre.
5. Ton amie ne comprendra pas le livre.
6. J'ai payé une somme considérable pour le livre.
7. Je pense souvent au livre.
8. Elle parle volontiers du livre.
9. J'ai trouvé dans l'introduction du livre deux passages fort intéressants.
10. Je te prouverai à l'aide du livre que tu as tort.

267 *Gleiche Übung mit »directrice«:*

1. La directrice a dit cela.
2. Je vous ai parlé de la directrice.
3. Nous devons beaucoup à la directrice.
4. Grâce à la directrice j'ai obtenu cet emploi.
5. Mon ami a travaillé dans le bureau de la directrice.
6. Mon ami est amoureux de la directrice.
7. Vous avez déjà vu la directrice.
8. La directrice a dit cette bêtise.
9. Le chien de la directrice a mordu mon fils.
10. La directrice a prononcé un discours.

268 *Gleiche Übung mit »photo«:*

1. La photo montre mes parents peu après leur mariage.
2. A l'aide de cette photo on a reconnu l'assassin.
3. Je vous ai parlé hier de la photo.
4. Vous m'aviez demandé la photo.
5. On voit d'importants détails sur la photo.
6. Je possède la photo depuis longtemps.
7. La photo m'a coûté une forte somme.
8. J'ai trouvé la photo dans ton livre.
9. Il a fait allusion à la photo.
10. L'artiste a écrit une dédicace au verso de la photo.

Das neutrale Relativpronomen

269 *Übersetzen Sie:*

1. Er ist nicht gekommen, was mich natürlich ärgert.
2. Ich habe nicht gesehen, was er gekauft hat.
3. Worüber er vor allem nachdenkt, das ist deine Vergangenheit.
4. Meine Kinder haben so viel Phantasie! Sie finden immer etwas, womit sie spielen können.
5. Was mir fehlt, ist ein gutes Lexikon.
6. Was er immer möchte, ist ein kleiner Garten.
7. Wissen Sie, was mich stört, ist sein arroganter Blick.
8. Was wir besonders schätzen, ist euere Offenheit.
9. Er drückte sich außerordentlich klar aus, so als habe er lange über das, was er sagen wollte, nachgedacht.

Verschiedene Übungen

270 *Setzen Sie die zu erwartende Verbform ein:*

1. La voilà qui . . . . . arrivée la première.
2. Toi qui . . . . . toujours dit la vérité, tu m'as maintenant menti.
3. C'est moi qui . . . . . arrivé le premier.
4. Moi qui vous . . . . . toujours parlé franchement!
5. Qui ira? – C'est nous qui . . . . .
6. Toi qui . . . . . (aller) à la messe chaque dimanche, tu ne devrais pas mentir de la sorte.
7. Nous qui les . . . . . toujours aidés, nous sommes particulièrement blessés par leur conduite.
8. Mais, c'est vous qui . . . . . affirmé cela!
9. Moi qui ne . . . . . pas étudié la littérature, je saurais répondre à cette question.
10. C'est nous qui . . . . . (vouloir) acheter ce livre.

271 *Zusammenfassende Übersetzung:*

1. Es sind fünf Frauen gekommen, darunter Frau Lapine.
2. Das Buch, in dem ich diesen Satz gefunden habe, ist ein Kriminalroman.
3. Es gibt nichts, woran er glaubt.
4. Hier liegen fünf Rechnungen, von denen zwei noch nicht bezahlt sind.
5. Das ist der Koffer, dessen Inhalt der Polizei so viel Kopfzerbrechen gemacht hat.
6. Die Stadt, aus der er kommt, ist berühmt.
7. Der Tag, an dem er angekommen ist, wird in die Geschichte eingehen.
8. Hans Huber ist der Mann, in dessen Mappe man diese Waffe gefunden hat.
9. Wer ist der Mann, von dem du sprichst?
10. Wir haben alles, was wir brauchen (zwei Lösungen).
11. Das war der Augenblick, in dem ich die Stadt verlassen konnte.
12. In dem Augenblick, als der Zug ankam, begann sie zu zittern.
13. Ich spreche von dem Sommer, in dem es so heiß war.

272 *Weitere schwierige Übungssätze zum Relativpronomen. Übersetzen Sie:*

1. Ich mache, was mir gefällt!
2. Die Prüfung ist einfach für jeden, der regelmäßig anwesend war.
3. Tu, was zu tun ist!

4. Du kannst nehmen, was dir gefällt.
5. Lade ein, wen du willst!
6. Erzähl das allen, die es hören wollen!
7. Wer immer das gesagt hat, wir glauben es nicht!
8. Als ich zur vereinbarten Stelle kam, fand ich keine Menschenseele vor.
9. Er wußte nicht, was passiert war.
10. Was immer du tust, mein Sohn, tue es mit Ausdauer!

DAS INTERROGATIVPRONOMEN
(L'ADJECTIF ET LE PRONOM INTERROGATIFS)

Einleitende Übungen zu »qui«, »que«, »quel«

273 *Übersetzen Sie mit der einfachen Frageform:*

1. Wer sind Sie?
2. Welche Zigaretten rauchen Sie?
3. An wen schreibst du?
4. Wen suchen Sie?
5. Von wem spricht er?
6. Für wen sind diese Rosen?
7. Wem willst du dieses Buch zeigen?
8. Mit wem ist sie ausgegangen?
9. Welche Bücher suchen Sie?
10. Wer hat das gesagt?
11. Wer hat meine Brille gesehen?
12. Welchen Roman haben Sie gekauft?
13. Wen habt ihr eingeladen?
14. Mit wem ist er angekommen?
15. In welchem Buch haben Sie dieses Wort gefunden?

274 *Setzen Sie die richtige Form von »quel« ein und übersetzen Sie ins Deutsche:*

1. . . . . . livre cherches-tu?
2. . . . . . fleurs préférez-vous?
3. . . . . . nom donnerez-vous à votre bébé?
4. . . . . . examen a-t-il passé?
5. . . . . . fenêtre était ouverte?
6. . . . . . roman prendras-tu?
7. . . . . . est ta fleur préférée?
8. . . . . . âge avez-vous?
9. . . . . . livres sont à vous?
10. . . . . . est votre profession?
11. De . . . . . couleur est ta nouvelle robe?
12. . . . . . jour sommes-nous aujourd'hui?
13. A . . . . . heure partirez-vous?
14. . . . . . taille faites-vous?
15. . . . . . est son nom?

Die substantivischen Interrogativpronomen »qui«, »que« und »quoi«

a) Frage nach der Person (direkte und indirekte Frage)

275 *Fragen Sie nach den kursiv gedruckten Satzteilen (Frage ohne Umschreibung):*
Beispiel: J'ai appris cela de M. Lebon. De qui avez-vous (as-tu) appris cela?

1. Je parle *de mon ami Jacques.*
2. *Monsieur Lebon* est arrivé.
3. Je suis *un ami de votre mari.*
4. Nous pensons *à nos parents.*
5. *Mon fils* m'a donné ce livre.
6. Il est arrivé *avec sa femme.*
7. Je cherche *mon ami.*
8. Ces fleurs sont *à ta femme.*
9. Il est trop indulgent *envers son fils.*
10. *Paul* m'a dit cela.

276 *Setzen Sie statt der einfachen die umschriebene Frage:*

1. Qui cherche son livre?
2. A qui pense-t-elle?
3. Qui n'a pas encore mangé son chocolat?
4. Qui regarde-t-il?
5. Avec qui joue-t-elle au tennis?
6. De qui demanderez-vous l'opinion?
7. Qui a vu mon stylo?
8. Contre qui a-t-il pris position?
9. Qui appelle-t-on?
10. Qui a trouvé le passage en question?

277 *Umgekehrte Übung:*

1. Qui est-ce que vous avez appelé?
2. Qui est-ce qui est venu?
3. Qui est-ce que vous avez invité?
4. Pour qui est-ce qu'elle a acheté les billets?
5. Sur qui est-ce que vous comptez?
6. A qui est-ce qu'il a demandé ce service?
7. De qui est-ce qu'il tient cela?

8. Qui est-ce que tu as rencontré là-bas?
9. Qui est-ce que vous avez interrogé le premier?
10. Contre qui est-ce qu'il a pris position?

278 *Setzen Sie die indirekten Fragesätze in die direkte Frageform a) mit b) ohne Umschreibung:*

1. Dites-moi de qui vous parlez!
2. J'ignore à qui il écrit.
3. Il a demandé pour qui tu travailles.
4. Dis-moi qui est arrivé!
5. Je voudrais savoir avec qui il s'est promené.
6. Dites-moi qui vous avez invité!
7. J'ignore à qui il va s'adresser.

279 *Setzen Sie die direkten Fragesätze in die indirekte Frageform indem Sie »J'ignore« davorsetzen:*

1. Qui cherche-t-il?
2. Pour qui vote-t-elle?
3. De qui parle-t-il?
4. A qui est-ce qu'il s'est adressé?
5. En qui est-ce qu'elles ont confiance?
6. Par qui est-ce que vous avez été trompés?
7. Qui a allumé la lumière?
8. Qui est arrivé?
9. A qui est-ce qu'elle a dit cela?
10. Qui sont-ils?

b) Frage nach Sachen (direkte Frage und indirekte Frage)

280 *Fragen Sie nach den kursiv gedruckten Satzteilen (wenn möglich und gebräuchlich, mit und ohne Umschreibung):*

1. Il cherche *sa serviette*.
2. Elle regarde *le tableau*.
3. Nous pensons *à nos vacances*.
4. *Votre manteau* me plaît particulièrement.
5. Il se réfère *à nos relations commerciales*.
6. Il a ouvert la serrure *avec un crochet*.
7. C'est *un coupe-cigare*.
8. Elle parle *de ses poupées*.
9. Elle attend *la neige*.
10. Nous avons voté *contre cette mesure*.

281 *Setzen Sie statt der einfachen die umschriebene Frage:*

1. Que pensez-vous à ce sujet?
2. A quoi se réfère-t-il?
3. Sur quoi comptez-vous?
4. Que demande-t-il?
5. De quoi est-il question?
6. Qu'est-elle?
7. A quoi pense-t-elle?
8. Qu'en pensez-vous?
9. Que coûte cela?
10. Sur quoi se base-t-il?

282 *Umgekehrte Übung:*

1. Qu'est-ce qu'il a trouvé?
2. Qu'est-ce que vous en pensez?
3. Contre quoi est-ce que vous voulez protester?
4. A quoi est-ce que tu t'opposes?
5. Qu'est-ce que vous avez décidé?
6. Qu'est-ce qu'il faut faire?
7. Qu'est-ce que vous pensez de cette affaire?
8. Avec quoi est-ce qu'il a ouvert la serrure?
9. De quoi est-ce que vous êtes si heureux?
10. Qu'est-ce que tu as acheté?

283 *Setzen Sie die indirekten Fragesätze in die direkte Frageform a) mit b) ohne Umschreibung:*

1. J'ignore à quoi il se réfère.
2. Je me demande ce qu'ils regardent toujours.
3. Dis-moi de quoi il se méfie!
4. J'ignore ce que cela signifie.
5. Je lui ai demandé de quoi il a ri.
6. J'ignore ce qu'il a dit.
7. Je me demande à quoi vous pensez toujours.
8. Dites-nous ce qui vous manque (ce qu'il vous manque)!
9. Montrez-nous ce que vous avez là!
10. Nous ignorons de quoi ils discutent.

284 *Setzen Sie die direkte Frage in die indirekte Frageform, indem Sie »Dis-moi« davorsetzen:*

1. De quoi se méfie-t-il?

2. Qu'est-ce qu'il a déclaré?
3. Qu'a-t-il apporté?
4. De quoi s'agit-il?
5. Qu'est-ce qu'ils cherchent?
6. A quoi penses-tu?
7. Sur quoi comptes-tu?
8. En quoi consiste son argumentation?
9. De quoi discutez-vous?
10. Qu'est-ce qu'ils ont dit?
11. Qu'est-ce qui t'a effrayé?

Das adjektivische Interrogativpronomen »quel« und das substantivische »lequel«

285 *Auf welche Fragen antworten folgende Sätze?*

1. Il a vingt-quatre ans.
2. La table a 1.70 m de long.
3. Aujourd'hui, nous sommes le quatorze avril.
4. Il est dix heures moins le quart.
5. La différence entre cette phrase-là et celle-ci, c'est que cette dernière est plus littéraire.
6. Ma lecture favorite est «Le Petit Prince» de Saint-Exupéry.
7. L'objectif de cette réunion est l'amélioration du climat de travail.
8. Je voudrais ce livre-là.
9. C'est à la dernière lettre que je pense.
10. Mon nom est Jean Lefin.

286 *Setzen Sie die richtige Form:*

1. ..... de ces deux romans avez-vous déjà lu?
2. .... est sa taille?
3. ..... sont vos couleurs favorites?
4. Il y a deux familles Lepin dans cette ville. ..... cherchez-vous?
5. Dans ..... roman avez-vous trouvé cette phrase?
6. ..... est votre nom?
7. Dans ..... des cinq tomes avez-vous trouvé ce mot?
8. ..... est l'altitude de ce pic?
9. ..... est l'épaisseur de cette tôle?
10. Voici des roses jaunes, en voilà des rouges. ..... préférez-vous?
11. ..... est votre devoir?

12. De . . . . . film parlez-vous?
13. Dans la maison en question, une fenêtre était ouverte. . . . . .?
14. . . . . . âge avez-vous?
15. . . . . . est sa chambre à elle?

Unterschiedliche Rektion im Deutschen und Französischen

287 *Übersetzen Sie (ohne Umschreibung):*

    1. Mit wem haben Sie gesprochen?
    2. Wen soll er belogen haben?
    3. Was hat er geerbt?
    4. Wem glaubst du nicht?
    5. Was hat er Ihnen geschenkt (faire cadeau)?
    6. Wem haben Sie geholfen?
    7. Wofür hat er euch gedankt?
    8. Wovor sind sie geflohen?
    9. Woran habt ihr euch nicht erinnert?
  10. Wem bist du begegnet?
  11. Wem soll sie widersprochen haben?
  12. Wovor fürchtest du dich, Kleiner (zwei Lösungen)?
  13. Wem habt ihr gedient?
  14. Was brauchen Sie (zwei Lösungen)?
  15. Was hat er geahnt?

288 *Seltenere Verben mit unterschiedlicher Rektion. Übersetzen Sie:*

    1. In welche Provinz sind die Truppen eingefallen?
    2. Worum beneidet er dich denn?
    3. Wem applaudierst du?
    4. Welcher Stadt nähern wir uns?
    5. Welches Instrument spielt er?
    6. Worüber möchten Sie mit mir sprechen?
    7. Was wollen Sie ausnützen?
    8. Welche Frage habt ihr nicht beantworten können?
    9. Woran leidet sie?
  10. Wen hat er überlebt?

Stellung der Satzteile im Fragesatz mit »qui«

289 *Übersetzen Sie*

a) ins Deutsche:

    1. Qui veut voir les lions?

2. Qui le chien a-t-il mordu?
3. Qui a montré ce livre à ma mère?
4. A qui ma mère a-t-elle montré ce livre?
5. Qui a trouvé mon ami?
6. Qui mon ami a-t-il trouvé?

b) ins Französische:

1. Wer hat diesen Mann getötet?
2. Wen hat dieser Mann getötet?
3. Wen hat der Direktor gesucht?
4. Wer hat den Direktor gesucht?
5. Wer hat die Frau gesehen?
6. Wen hat die Frau gesehen?

»Qui«, »que« und »quoi« mit Infinitiv

290 *Übersetzen Sie folgende Sätze nach dem Muster: Je ne sais plus que (quoi) faire:*

1. Ich wußte nicht mehr, was ich antworten sollte.
2. Mein Freund wußte nicht mehr, was er denken sollte.
3. Ich weiß schon, daß ich es alleine nicht schaffen werde; aber wen soll ich fragen?
4. Ich würde gerne einen Tanzabend veranstalten. Aber wen soll ich einladen?
5. Als er mich verhörte, wußte ich nicht mehr, was ich sagen sollte.
6. Ich weiß nicht mehr, woran ich mich halten soll.

»Quoi« ohne Verb

291 *Übersetzen Sie folgende Sätze und Ausdrücke mit »quoi«:*

1. Was gibt es Schöneres als einen Frühlingstag?
2. Was gibt es Interessanteres als die Mathematik?
3. Was sonst hätte ich in dieser Lage tun sollen?
4. Was gibt es Neues?
5. Was, Sie wollen nicht?
6. Was könnte es geben, das im Augenblick mehr diskutiert würde als die Wahlen?

Zusammenfassende Übungen

292 *Setzen Sie die direkten Fragesätze in die indirekte Form, indem Sie »Je ne sais pas« davorsetzen:*

1. Qui est arrivé?

2. Qu'en pense-t-elle?
3. Pour qui parle-t-il?
4. Qu'est-ce qu'il préfère?
5. De quoi est-il mort?
6. Avec qui joue-t-il au tennis?
7. Que cherche-t-elle?
8. Qu'est-ce qui leur fait plaisir?
9. Qui est-ce que tu as rencontré?
10. Avec qui vous êtes-vous promenés?

293 *Übersetzen Sie:*

1. Woran denken Sie?
2. Ich weiß nicht, was er gekauft hat.
3. Mit wem hat er geplaudert?
4. Ich frage mich, was er von uns denkt.
5. Womit hat er diesen Erfolg verdient?
6. Ich weiß nicht, was er davon hält.
7. Wer ist müde?
8. Ich frage mich, was mich so ermüdet hat.
9. Wer spricht wovon?
10. Worum geht es?

294 *Besondere Schwierigkeiten beim Fragepronomen. Übersetzen Sie mit allen Möglichkeiten, die Sie kennen:*

1. Wozu nützt es, eine Tat nachträglich zu bereuen?
2. Was ist dort hinten los?
3. Was brauchst du (mit: il faut)?
4. Wer zum Teufel hat das getan?
5. Was willst du also?
6. Wer unter Ihnen möchte an der Exkursion teilnehmen?

INDEFINITA
(PRONOMS, ADJECTIFS ET ADVERBES INDÉFINIS)

Wichtige indefinite Pronomen

295 *Einfache Übersetzungsübung zu wichtigen (adjektivischen und substantivischen) indefiniten Pronomen:*

1. Er hat mir verschiedene Bücher gezeigt.
2. Mehrere Schüler sind abwesend.
3. Ich habe einige Bilder betrachtet.
4. Das Buch ist ein gewisser Erfolg.
5. Wir haben etwas gekauft.
6. Jeder Schüler hat drei Hefte.
7. Alle sind gekommen, außer Peter.
8. Ich werde Ihnen einen anderen Roman zeigen (futur proche).
9. Geben Sie mir einige Tomaten!
10. Sie hat mehrere Freundinnen.

Übungen zu einzelnen Indefinita

296 *»Aucun«. Übersetzen Sie ins Deutsche:*

1. Je doute qu'aucun d'eux dise la vérité.
2. Combien de livres avez-vous achetés? – Aucun.
3. Il n'a aucun ami.
4. Croyez-vous qu'aucun homme soit capable de supporter de telles douleurs?
5. Aucune d'elles n'est venue.
6. Il a réussi sans qu'aucun ami l'ait aidé.
7. L'acquéreur n'est tenu d'aucuns dommages et intérêts (Code civil).
8. Je n'ai aucun intérêt dans cette affaire.
9. Aucun de mes camarades ne m'a jamais aidé.
10. Sans aucun doute, je rêve.

297 *»Même«.*

a) Füllen Sie die Lücken mit der richtigen Form:
1. Eux-..... ont dit que vous avez tort.
2. ..... ses enfants ne l'aiment pas.
3. Pierre fait toujours les ..... fautes.
4. ..... les élèves les moins intelligents ont compris le problème.

5. Ses parents . . . . . ont dit qu'il est un vaurien.
6. Nous emploierons les . . . . . armes que nos adversaires.
7. . . . . . un enfant comprendrait l'importance de cette décision.
8. Vous ferez l'examen dans les . . . . . conditions que les autres.
9. Cela m'ennuie de faire toujours les . . . . . travaux.
10. Ils m'ont posé les . . . . . questions à moi qu'à vous.

b) Übersetzen Sie ins Französische:
1. Seine Schüler selbst haben das gesagt.
2. Selbst seine Schüler haben das gesagt.
3. Wir haben es selbst gesehen.
4. Mein Mann ist die Güte selbst!
5. Sogar diejenigen, die ihm geholfen haben, sind von ihm betrogen worden.

298 *»Personne«. Übersetzen Sie ins Deutsche:*

1. Qui est venu? – Personne.
2. Je ne crois pas que personne le comprenne.
3. Elle est arrivée sans que personne s'en soit aperçu.
4. Personne ne l'a dit.
5. Personne parmi les étudiants n'y a participé.
6. Il n'y avait personne de content.
7. Est-ce que personne d'autre ne le sait?
8. Je ne vois malheureusement personne.
9. Qui veut y participer? – Personne? – Personne!
10. Nous sommes rentrés sans que personne nous ait vus.

299 *»On«.*

a) Übersetzen Sie ins Deutsche (und vermeiden Sie dabei »man«):
1. Alors, on y va?
2. Qu'est-ce qu'on va faire ce soir?
3. On sonne. Allez voir ce qu'il y a!
4. Alors, ma petite, on est contente?
5. On ne travaille pas le dimanche.
6. On suppose qu'un adolescent a commis le crime.
7. Dépêche-toi, on ferme la porte vers neuf heures!
8. Attendez ici, on vous appellera plus tard!
9. On affirme que le général a participé a ce complot.
10. On ne danse pas ici!

b) »on« oder »l'on«? Setzen Sie die richtige Form:

1. Madame Lefin est, ... le sait bien, l'amie de la comtesse.
2. Il vaut mieux ne pas se plaindre si . . . . . sait que c'est inutile.
3. Il est nécessaire que . . . . . commence maintenant!
4. Quand . . . . . est intelligent, comme vous, ... fait son chemin.
5. C'est un roman dont . . . . . parle depuis des semaines.
6. J'ai constaté que . . . . . continue à lui faire des difficultés.
7. . . . . . vient de trouver le cadavre de la femme que . . . . . avait cherché depuis une semaine.

300 *Rien«. Übersetzen Sie ins Deutsche:*

1. Y a-t-il rien de plus intéressant que la physique?
2. Je n'ai rien dit.
3. Quoi, il n'a rien apporté?
4. Ils sont loin de rien comprendre.
5. Qu'est-ce qu'il y a? – Rien.
6. Il n'y a rien de plus beau que des roses toutes fraîches écloses.
7. Elle n'est rien moins qu'une héroïne.
8. Elle n'est rien de moins qu'une princesse.
9. Quoi de neuf? – Rien.
10. Il gagne deux mille par mois; ce n'est pas rien!

301 *Tel«. Übersetzen Sie ins Deutsche:*

1. C'est un secrétaire tel qu'il vous faut.
2. On n'achète pas un tel livre!
3. Il n'y a rien de tel qu'un bon roman.
4. La situation est telle que je crains le pire.
5. Je vous renverrai la marchandise telle quelle.
6. Je vais transformer telle ou telle phrase de cette composition.
7. Abandonnez de telles idées!
8. La montagne s'élevait devant moi telle (tel) un groupe de géants.
9. Il ne faut pas croire un tel mensonge.

302 *Tout«.*

a) Das substantivische und das adjektivische »tout«. Füllen Sie die Lücken:

1. . . . . . la maison était en désordre.
2. . . . . . les voyageurs étaient fatigués.
3. . . . . . église a une tour.

4. Est-ce que . . . . . les élèves sont arrivés?

5. Mes enfants, je vous invite . . . . .!

6. . . . . . mes enfants ont eu cette maladie.

7. Il achète . . . . . ce qu'on lui offre.

8. . . . . . ma famille est allée en Espagne.

9. . . . . . ceux qui ont une carte d'entrée sont admis.

10. Je dirai . . . . .

b) Veränderlichkeit des adverbial gebrauchten »tout«. Füllen Sie die Lücken:

1. Ils ont été . . . . . étonnés.

2. J'ai acheté une . . . . . petite poupée.

3. Notre maison se trouve . . . . . à côté de la vôtre.

4. Elle est arrivée . . . . . seule.

5. La maison . . . . . entière est en désordre.

6. Ma sœur est . . . . . heureuse.

7. Elles sont . . . . . honteuses.

8. Voilà des roses . . . . . fraîches cueillies.

9. Ils sont . . . . . fâchés.

10. La jeune fille était . . . . . en larmes.

c) Schwierige Übung zur Veränderlichkeit. Füllen Sie die Lücken:

1. C'est une . . . . . autre question!

2. . . . . . autre question sera traitée la semaine prochaine.

3. . . . . . Rome a été sur pied.

4. Elles sont . . . . . étonnées.

5. . . . . . la Rochelle offrit un accueil chaleureux au président.

6. J'ai lu . . . . . «Les Mouches».

7. Elles étaient habillées . . . . . en blanc.

8. Le marquis: Ce sont des filles? – Aristide: . . . . . garçons (Dumas f.).

9. J'ai lu . . . . . «Climats».

10. Je suis . . . . . à vous!

d) Singular oder Plural? Setzen Sie die eingeklammerten Ausdrücke im richtigen Numerus:

1. Mettez le titre (en toute lettre)!

2. Il fit la valise (en toute hâte).

3. Elle veut (à tout prix) être la première.

4. J'apprécie sa collaboration (à tout égard).

5. Les deux garçons coururent (à toute jambe).

6. Ils rassemblèrent leurs vêtements (à toute vitesse).

7. (De tout temps), la jeunesse s'est crue incomprise par la vieille génération.

8. Je vous aiderai (à tout point de vue).

9. Jean a gagné la course (contre toute attente).

10. La voiture prit le virage (à toute allure).

303 *»Chaque« oder »chacun(e)«?*

1. Un silence absolu régnait entre . . . . . des explosions.

2. Un silence absolu régnait entre . . . . . explosion.

3. Les livres coûtent dix francs . . . . .

4. . . . . . a ses défauts.

5. Je vends les billets cinq francs . . . . .

6. Je le rencontre . . . . . jour.

7. . . . . . des jeunes filles reçut une médaille.

8. Les trois amis se séparèrent et partirent . . . . . dans une autre direction.

304 *»Personne« oder »quelqu'un(e)« bzw. »quelques-un(e)s«?*

1. Il connaît . . . . . qui a vu cet accident.

2. . . . . . des élèves se sont égarés.

3. . . . . . d'entre vous ne pourrait le faire.

4. Je n'ai vu . . . . . de vos partisans à cette réunion.

5. Il y a parmi ces romans . . . . . d'intéressants.

6. . . . . . ne veulent pas venir.

7. . . . . . ne veut venir.

8. Toute la classe est restée sans que . . . . . ait dit quelque chose.

9. . . . . . d'entre vous se croient plus intelligents que leurs parents.

305 *»Quelque chose« oder »rien«?*

1. . . . . . s'est cassé dans la machine.

2. Il n'a . . . . . dit.

3. Je doute qu'il en sache . . . . .

4. Je veux . . . . . ou tout (Racine).

5. Le candidat ne savait absolument . . . . .

6. Un vrai ami vaut . . . . .

7. Est-ce que vous avez besoin de . . . . .?

8. Un bouquet de roses, c'est . . . . . de merveilleux.

9. Il n'y a . . . . . de plus beau qu'un arbre en fleurs.

10. Je ne crois pas qu'il y ait . . . . . de plus beau qu'un voyage vers le Sud.

306 *»Tout« (bzw. entsprechende Form), »chaque« oder »chacun(e)«?*

1. . . . . . cravate coûte cinq francs.
2. J'ai vu . . . . . sortes de danses.
3. . . . . . peine mérite salaire.
4. Ils sont quatre enfants. . . . . . d'eux héritera d'une maison.
5. Je connais . . . . . ses défauts.
6. . . . . . les dimanches, je fais des escalades dans les Alpes.
7. Je vais à la campagne . . . . . dimanche que j'ai de libre.
8. Elles sont . . . . . peu intelligentes.
9. . . . . . de vous sera récompensé.
10. Je les verrai . . . . . demain.

307 *»l'un . . . l'autre«. Füllen Sie die Lücken mit der richtigen Präposition:*

1. Ils se succédèrent les uns . . . . . les autres.
2. Elles se sont donné les livres l'une . . . . . l'autre.
3. Elles se tournèrent l'une . . . . . l'autre.
4. Nous ne nous sommes pas fiés les uns . . . . . les autres.
5. Ils se sont méfiés l'un . . . . . l'autre.
6. Nous dépendons l'une . . . . . l'autre.
7. Ils se sont moqués les uns . . . . . les autres.

»Quelque . . . que« und analoge Konstruktionen

308 *»quelque . . . que« und analoge Konstruktionen mit »pour«, »si« und »tout«.*

a) Übersetzen Sie ins Deutsche:

1. Quelque bonnes que soient ses relations avec de hauts fonctionnaires, il ne réussira pas.
2. Il ne faut pas se laisser dominer par des sentiments, si bons soient-ils.
3. Quelque grande que soit sa valeur humaine, en qualité de commerçant il ne vaut rien.
4. Pour puissant qu'il soit, je n'ai pas peur de lui.
5. Les relations entre nos deux pays, pour bonnes qu'elles soient au moment, sont toujours en danger.
6. Tout intelligent qu'il est, je ne l'estime pas!
7. Je ne travaillerai pas pour lui, quelque séduisantes que soient ses offres.

b) Formen Sie folgende Konzessivsätze nach dem Schema: »Si bon qu'il soit . . .« um und verwenden Sie dabei abwechselnd »pour«, »tout«, »si« und »quelque«:

1. Bien qu'il soit très savant, il n'est pas infaillible.
2. Quoiqu'il soit très riche, il n'est pas heureux.
3. Même si l'on est très puissant, on a toujours besoin du prochain.
4. Il est possible que vos difficultés soient grandes; mais il faut que vous les surmontiez!
5. Bien que votre volonté ait été bonne, le résultat de vos efforts est insuffisant.

309 *»Quoi ... que«, »qui ... que« und »quel ... que«. Übersetzen Sie ins Deutsche:*

1. Nous affronterons tous les dangers, quels qu'ils soient!
2. Ce recteur, ami d'Eyssette père, était un grand beau vieux, alerte et sec, n'ayant rien qui sentît le pédant, ni quoi que ce fût de semblable (A. Daudet).
3. N'en parlez à qui que ce soit!
4. Quoi que vous deveniez, je ne vous abandonnerai pas!
5. Quelle que soit l'importance de cette mesure, je doute de son efficacité.
6. Quoi que vous pensiez de Balzac, moi je le considère comme un grand écrivain.

Zusammenfassende Übungen

310 *Übersetzen Sie ins Deutsche:*

1. Tout le monde	Le monde entier
2. Ils sont tout petits	Ils sont tous petits
3. Eux même	Eux-mêmes
4. J'ai tout oublié de vous le dire	J'ai tout oublié
5. Tout Paris	Le Tout-Paris
6. Ils sont tout fâchés	Ils sont tous fâchés
7. Cela coûte quelque cent francs	Cela coûte quelques cents fr.
8. Il n'est rien de moins que président	Il n'est rien moins que président
9. Un succès certain	Un certain succès
10. Quoi qu'il en soit, je ne veux pas	Quoiqu'il soit riche, il n'est pas heureux

311 *Erklären Sie auf Französisch die Bedeutung folgender Ausdrücke und Sprichwörter und suchen Sie das deutsche Äquivalent:*

1. Tel est pris qui croyait prendre.
2. Je suis tout oreilles.

3. Chacun est l'artisan de sa fortune.
4. Chacun pour soi, Dieu pour tous.
5. Elle était tout feu, tout flamme.
6. Tel maître, tel valet.
7. Nous avons bu à même la bouteille.
8. Il est parti sous je ne sais quel prétexte.
9. Ce contrat est nul et non avenu.
10. Depuis sa toute enfance, il observait les oiseaux.

312 *Zusammenfassende Übersetzung:*

1. Möchten Sie diese beiden Bücher hier? – Nein, geben Sie mir die anderen beiden!
2. Wir Franzosen sind uns der Schwierigkeiten vollauf bewußt.
3. Wir treffen uns alle drei Jahre.
4. Mancher Politiker wäre lieber nicht berühmt.
5. Rufen Sie irgend jemanden!
6. Kaufen Sie ein beliebiges Lexikon!
7. Das kommt aufs Gleiche hinaus.
8. Niemand hat je darüber mit mir gesprochen.
9. Wenn man die beiden Fassungen vergleicht, sieht man, daß ein großer Unterschied besteht.
10. Jeder Mensch hat seine Sorgen.

313 *Übersetzen Sie:*

1. Wie groß die Anstrengungen Ihrer Regierung auch gewesen sein mögen, sie genügen nicht!
2. So überzeugt man selbst auch von seinem Recht sein mag, es wird immer angefochten werden.
3. Woher Sie auch kommen, treten Sie ein!
4. Was immer Sie tun, denken Sie daran, daß Sie dafür verantwortlich sind!
5. So rasch er sich auch entschlossen hatte, es war zu spät.
6. Welchen Einfluß Sie auch haben mögen, ich fürchte Sie nicht!
7. Zu wem immer ihr über die Angelegenheit sprecht, seid vorsichtig!
8. Wir haben überhaupt nichts gefunden.
9. Traut niemandem!
10. So vorsichtig wir auch waren, man hat unsere Absicht entdeckt.

DIE PRÄPOSITIONEN (LES PRÉPOSITIONS)

Örtliche Beziehungen

314 *Setzen Sie die fehlenden Präpositionen ein:*

1. Mon oncle vit . . . . . France (. . . . . Paris, ... Brésil).
2. Ce village est situé . . . . . Munich et Augsbourg.
3. Bon-papa est allé . . . . . l'église.
4. Nous ne sommes pas entrés . . . . . l'église.
5. Papa et maman sont . . . . . le salon.
6. Elle est assise . . . . . une chaise (. . . . . un fauteuil, ... le canapé, ... table).
7. Madame Muller est allée . . . . . le coiffeur.
8. Le vase est tombé . . . . . terre.
9. Il vient! Cache-toi vite . . . . . le rideau!
10. Je ne trouve pas mes gants. Est-ce qu'ils sont encore . . . . . la valise?
11. Le train passe . . . . . beaucoup de stations, mais il ne s'arrête que . . . . . les grandes gares.
12. La consigne est . . . . . droite, monsieur.
13. Notre chambre donne . . . . . un joli petit jardin.
14. J'ai frappé . . . . . la porte.
15. Il se mit . . . . . genoux et chercha la pièce de monnaie . . . . . les tables, les chaises et . . . . . tous les coins.
16. Les enfants n'ont pas le droit de jouer . . . . . la cour.
17. As-tu vu quelqu'un sortir . . . . . la maison?
18. Le berger chassait les moutons . . . . . lui.
19. Je partirai demain . . . . . Paris (. . . . . les Etats Unis).
20. Maintenant, tourne-toi . . . . . moi!
21. Vous avez un débit de tabac . . . . . coin de la rue.
22. Nous avons fait le voyage . . . . . première classe.
23. Il s'appuyait . . . . . la cheminée.
24. Elle porta le verre . . . . . ses lèvres.
25. Il a grimpé . . . . . un arbre.
26. Elle était assise . . . . . la glace et lissait ses cheveux.
27. Je me dirigeais déjà . . . . . la porte quand elle m'appela.
28. Je me suis heurté . . . . . le mur.
29. Ce restaurant est . . . . . cent mètres . . . . . ici.
30. J'ai pris une nappe propre . . . . . l'armoire.
31. Asseyons-nous . . . . . cet arbre!

315 *Übersetzen Sie:*

1. Wann kehrst du nach Deutschland (zu deinen Eltern – nach München) zurück?
2. Ich habe ihn auf der Treppe (auf der Straße) getroffen.
3. Ich erwarte dich vor dem Hotel (Futur).
4. Mein Vater ist noch nicht von der Fabrik zurück(gekehrt).
5. Er ist aus dem Fenster gesprungen.
6. Die Reisenden nach Lyon, bitte einsteigen!
7. Gehen wir doch schon auf den Bahnsteig!
8. Schreiben Sie das auf ein Blatt Papier – in ein Heft – an die Tafel!
9. Sie betrachtet sich im Spiegel.
10. Trage bitte die leeren Flaschen in den Keller!
11. Ich habe noch einen ausgezeichneten Rotwein im Keller.
12. Setzen Sie sich hinter mich!
13. Meine Ferien habe ich bei meinen Großeltern verbracht.
14. Er hatte ein Buch in der Hand.
15. Wer hat aus meinem Glas getrunken?
16. Sind deine Eltern zu Hause?
17. Wenn er nicht in seinem Garten ist, ist er im Haus.
18. Er ist uns vom Odeonsplatz bis hierher gefolgt.
19. Ich habe den Brief unter meinen Büchern gefunden.

316 *Setzen Sie die fehlenden Präpositionen ein (schwierigere Übung):*

1. Mon ami vit maintenant . . . . . France – . . . . . le nord de la France – . . . . . Mexique – . . . . . Afghanistan – . . . . . la campagne – . . . . . ville – . . . . . une belle ville – . . . . . bord de la mer – . . . . . montagne.
2. Je ne peux jamais passer . . . . . les bouquineries sans acheter quelque vieux livre.
3. Il se dirigea . . . . . l'endroit qu'on lui avait désigné.
4. Wurtzbourg est situé . . . . . le Main.
5. Il braqua son fusil . . . . . lui.
6. Je suis venu . . . . . monde . . . . . un petit village . . . . . les bords d'une petite rivière.
7. C'est un endroit magnifique! Vous n'en trouverez pas d'aussi joli . . . . . le monde entier.
8. Il prend une pierre et la jette . . . . . l'air.
9. Passons . . . . . l'autre côté!
10. Ce n'était tout de même pas gentil . . . . . lui de me dire cela . . . . . tout le monde.

11. N'allez pas . . . . . cette direction.
12. Arrivé . . . . . bout de la rue, il se retourna et marcha . . . . . sens inverse.
13. Il est tombé . . . . . terre, les quatre fers . . . . . l'air.
14. Il est . . . . . prison, ou, comme on dit, ... quatre murs.
15. La pharmacie se trouve . . . . . l'autre côté.
16. Comment décrire le spectacle qui se déroulait . . . . . nos yeux.
17. Il habita cinq ans . . . . . cette île.
18. Je ne puis vous dire ce qui se passe . . . . . moi.
19. Est-ce qu'on approche déjà . . . . . la côte?
20. Le vent chassait de gros nuages . . . . . le ciel déjà sombre.
21. Les troupes ennemis s'avançaient rapidement . . . . . Paris.
22. Ce matin il a pris l'avion . . . . . Francfort.
23. Nous nous étions trompés de chemin et il nous a fallu revenir . . . . . nos pas.
24. Je me sentais très seul . . . . . tous ces gens joyeux.
25. Elle marchait . . . . . son mari et son fils.
26. J'ai débité tout ce qui me passait . . . . . la tête.
27. Elle était assise . . . . . piano et laissait courir ses doigts . . . . . les touches.
28. Je reconnus . . . . . lui l'homme que j'avais tant aimé autrefois.
29. Pendant tout le trajet le petit écrasait son nez . . . . . la vitre.
30. . . . . . où m'accompagneras-tu?
31. Notre maison est bâtie tout . . . . . le mur du cimetière.

317 *Setzen Sie nachstehende präpositionale Ausdrücke sinngemäß in die Sätze ein:*

à travers – au-delà de – au-dessous de – au-dessus de – au large de – au milieu de – au travers de – auprès de – autour de – de dessous – de chez – du côté de – jusqu'à – le long de – loin de – près de.
1. Accompagne-nous au moins . . . . . la grille.
2. Elle passa ses bras tendrement . . . . . mon cou.
3. Il a été appelé . . . . . directeur.
4. Il courut éperdument . . . . . champs, sans plus se rendre compte où il allait.
5. On l'a vu sortir . . . . . vous.
6. Quand elle fut sortie, il tira le revolver . . . . . la couverture, où il l'avait caché à son approche.
7. Le soleil était déjà descendu . . . . . l'horizon.

8. Et voilà la lune qui se lève très rapidement ..... l'horizon.
9. On pourra y aller à pied, c'est tout ..... ici – ce n'est pas ..... ici.
10. Elle me regarda tristement ..... le voile de ses larmes.
11. L'endroit où nous avons passé nos vacances se trouve à 800 mètres ..... niveau de la mer.
12. Dès qu'il apparaissait quelque part, ses fidèles se groupaient ..... lui.
13. Sainte-Hélène est une île perdue ..... l'Atlantique.
14. Il rampait ..... mur pour ne pas être vu.
15. De temps en temps, elle regardait anxieusement ..... port.
16. L'îlot dans lequel se trouve le château d'If est ..... Marseille.
17. De là-haut, la vue s'étend bien ..... la frontière tchécoslovaque.

318 *Übersetzen Sie:*

1. Komm, setz dich zu mir!
2. Die Vase ist vom Schrank heruntergefallen.
3. Die evangelische Kirche ist gegenüber dem Rathaus.
4. Das Häuschen von Hans liegt etwas außerhalb der Stadt.
5. Neben Onkel Paul ist noch ein Platz frei.
6. Er hat mich bis zu ihr begleitet.
7. Man hörte euch bis auf die Straße.
8. Auf einmal habe ich mich arm und unglücklich inmitten all dieser Pracht gefühlt.
9. Gott sei Dank ist die Explosion erst erfolgt, als die Arbeiter aus dem Tunnel heraus waren.
10. Ich glaube, es hat keinen Zweck, den Ring außerhalb des Hauses zu suchen.
11. Als ich gerufen habe, ist er hinter der Scheune hervorgekommen.

Zeitliche Beziehungen

319 *Setzen Sie die fehlenden Präpositionen ein:*

1. Nous partirons ..... huit heures précises, soyez ..... l'heure!
2. Le musée est ouvert ..... 9 heures ..... 17 heures.
3. Nous sommes arrivés ..... la nuit.
4. Je me suis couché tout de suite ..... le dîner.
5. J'attends cette lettre ..... trois semaines déjà.
6. Nous reverrons Jean ..... six mois seulement.
7. Nous n'avions pas le droit de parler ..... les repas.
8. Je viendrai te dire au revoir ..... mon départ.

9. J'espère pouvoir terminer mon travail . . . . . ce soir.
10. Je vous attendrai donc . . . . . onze heures et midi.
11. Je vous assure que je l'ai vu . . . . . la première fois.
12. . . . . . juin (. . . . . mois de juin) il fallait encore se couvrir comme . . . . . hiver.
13. Je reviendrai . . . . . printemps – . . . . . été – . . . . . automne – . . . . . hiver.
14. Je ne voudrai pas quitter ma mère . . . . . si longtemps.
15. Goethe est né . . . . . 1749.
16. . . . . . ces mots, la jeune fille rougit.

320 *Übersetzen Sie:*

1. Unser Zug fährt um 13.21 Uhr.
2. Wir werden wahrscheinlich gegen Mittag bei euch sein.
3. Ich habe bis zum letzten Augenblick auf dich gewartet.
4. Ich habe ihn während meines Aufenthaltes in Paris dreimal gesehen.
5. Ich erwarte deinen Anruf schon seit einer halben Stunde.
6. Wir haben von 1962 bis 1964 in Berlin gewohnt.
7. Vor dem Krieg bin ich dreimal in Paris gewesen (mit aller).
8. Ich werde am Vormittag bei dir vorbeikommen.
9. Bei dieser Gelegenheit könntest du mir meine Bücher zurückgeben.
10. Ruf mich nach 9 Uhr an.
11. In einer halben Stunde sind wir in Stuttgart.
12. Nach einer halben Stunde kam er schon wieder.

321 *Setzen Sie die fehlenden Präpositionen ein (schwierigere Übung):*

1. J'ai lu ce roman . . . . . quatre heures.
2. Attendez-moi ici, je reviens . . . . . un instant.
3. Va te laver les mains . . . . . te mettre à table!
4. Je l'ai vu . . . . . la dernière fois . . . . . quatre mois.
5. J'ai encore pensé à mon passeport juste . . . . . moment de partir.
6. Téléphone-lui . . . . . ton arrivée à Paris.
7. . . . . . premier coup d'œil, il tomba amoureux de cette femme.
8. Mon frère aîné est à Paris . . . . . ce moment.
9. . . . . . ce moment-là quelqu'un frappa à la porte.
10. Le paysage changeait . . . . . chaque instant.
11. M. Dupont n'est plus là. Il est sorti . . . . . un instant.
12. Elle peut arriver . . . . . un moment . . . . . l'autre.
13. . . . . . moments, nous avons cru qu'il allait mourir.

14. Elle n'a plus quitté le deuil . . . . . la mort de son mari.
15. Moi, je trouve ridicule de parler de défense anti-aérienne . . . . . l'époque de la bombe atomique.
16. . . . . . ce temps-là les gens étaient beaucoup plus satisfaits que . . . . . nos jours.
17. Vous aurez les marchandises . . . . . temps voulu.
18. Mon grand-père est mort . . . . . 66 ans – . . . . . l'âge de 66 ans.
19. Si ce n'est pas aujourd'hui, ce sera donc . . . . . une autre fois.
20. Elle était amoureuse de lui . . . . . leur première rencontre.
21. J'étais . . . . . jamais guéri de cette passion.
22. Ce matin je me suis levé . . . . . très bonne heure.
23. . . . . . présent, je n'en ai pas trop souffert.
24. Veux-tu vraiment sortir encore . . . . . cette heure et . . . . . ce temps sombre?
25. Il se réveilla . . . . . bruit de la porte.
26. La discussion a été remise . . . . . ce soir – différée . . . . . ce soir.
27. Tu l'as rencontré . . . . . l'aller ou . . . . . retour?
28. . . . . . quelque temps . . . . . là j'ai reçu une deuxième lettre anonyme.
29. Vous devriez payer . . . . . les huit jours . . . . . réception de la facture.
30. Jamais . . . . . ma vie je n'oublierai ce spectacle affreux.
31. Je te téléphonerai . . . . . temps . . . . . temps – . . . . . temps . . . . . autre.
32. Le débat aura lieu . . . . . fin de semaine.
33. J'y vais une fois . . . . . semaine.
34. C'était, je crois, ... la Restauration.
35. Cette tradition s'est maintenue . . . . . les siècles.
36. Nous vous reverrons . . . . . peu.

322 *Übersetzen Sie:*

1. Ich werde dich um Punkt 8 Uhr anrufen – gegen 8 Uhr, nach 8 Uhr, vor 8 Uhr, zwischen 8 und 9 Uhr.
2. Ich warte schon seit einer guten Weile auf euch.
3. Von diesem Tag an hatte ich Angst vor ihm.
4. Es war schon fast 8 Uhr.
5. Ich habe diesen Brief zeit meines Lebens aufbewahrt.
6. Ich habe es von Anfang an geahnt.
7. Das habe ich vor drei Wochen schon gesagt.
8. Ich kann dir das Geld nicht vor nächster Woche zurückgeben.
9. Bis vor kurzem wußte ich das auch nicht.
10. Ich habe mich für Mittwoch mit ihm verabredet.

11. Danke, im Moment brauche ich nichts.
12. Er kann von einem Tag zum andern sterben.
13. Er hat die Flasche im Nu – im Handumdrehen– geleert.
14. Ich kann euch die Liste erst in 8 Tagen schicken.
15. Nach einem Moment des Zögerns kam er auf mich zu.
16. Wir erwarten ihren Bescheid in Kürze.
17. Bis jetzt hat er noch kein Testament gemacht.
18. In dem Augenblick ging das Licht aus.
19. Wir sind an einem schönen Sommertag losgefahren.
20. Ich glaube, wir sehen uns heute abend. Bis bald also!
21. Nach einer halben Stunde kam er schon wieder.

Andere Beziehungen

323 *Setzen Sie die fehlenden Präpositionen ein:*

1. Pour la première fois je me trouvai seul . . . . . lui.
2. Elle ne sort jamais . . . . . parapluie.
3. J'ai acheté des roses . . . . . l'anniversaire de maman.
4. Il est très poli . . . . . tout le monde.
5. . . . . . quelle couleur est ta nouvelle robe?
6. Est-ce que cette montre est . . . . . or?
7. Prends la petite . . . . . la main.
8. J'ai reçu un gros colis . . . . . ma tante.
9. Tu n'aimes pas jouer . . . . . football?
10. Je n'ai malheureusement pas de machine . . . . . coudre.
11. N'écris pas toujours . . . . . mon stylo!
12. J'ai acheté une voiture . . . . . occasion . . . . . 1000 francs.
13. Pourquoi ne te défends-tu pas . . . . . lui?
14. Je sortirai . . . . . mon rhume.
15. Mes camarades ont tous réussi à l'examen, ... Henri.

324 *Beziehungen der Art und Weise und des Vergleiches (rapports de manière et de comparaison). Setzen Sie die folgenden Präpositionen sinngemäß in die nachstehenden Sätze ein (manchmal gibt es mehrere Möglichkeiten):*
à – avec – en – de – sans – sur – à la façon de – à la manière de – en comparaison avec – à côté de – auprès de

1. Il marchait . . . . . grands pas dans son cabinet et m'attendait déjà . . . . . impatience.
2. Pour le moment il travaille . . . . . une verve incroyable.

3. Elle chantait . . . . . demi-voix une vieille berceuse.
4. Elle m'a raconté . . . . . détail comment cette histoire s'était passée.
5. Ne me parlez plus . . . . . la sorte, je vous prie!
6. Venez ce soir, ce sera . . . . . la fortune du pot.
7. Elle y avait consenti, ... assez bonne grâce d'ailleurs.
8. Il était habillé . . . . . un grand espagnol.
9. Elle avait dit cela . . . . . un ton assez hautain.
10. Mon père n'achèterait jamais rien . . . . . tempérament.
11. On n'aurait pas dû le laisser partir . . . . . colère.
12. Vous avez perdu, mon cher, me dit-il . . . . . sa voix la plus naturelle.
13. Ce n'est que . . . . . contrecœur qu'il a accepté de venir.
14. Il me regardait . . . . . mot dire.
15. Elle a dit ça . . . . . une façon charmante.
16. Que chacun vive . . . . . sa façon.
17. Elle nous a reçus . . . . . façon(s).
18. Je vous parle . . . . . ami.
19. La récolte de betteraves est mauvaise . . . . . celle de l'année dernière.
20. Les derniers mots étaient . . . . . peine lisibles.
21. Il perdit ainsi toute sa fortune . . . . . un seul coup.
22. Il nous annonça la nouvelle . . . . . une sérénité sans pareille.
23. Il courait . . . . . toutes jambes à travers champs.
24. Le vent soufflait . . . . . bourrasques.
25. Elle portait ses cheveux . . . . . deux superbes nattes.
26. Je travaille . . . . . préférence le soir.

325 *Übersetzen Sie:*

1. Sie antwortete mir mit einem sanften Lächeln.
2. Er spricht französisch mit einem schrecklichen Akzent.
3. Sie sprach immer mit leiser Stimme und mit wenig Gesten.
4. Ich habe ihn mit großer Mühe überzeugt.
5. Ich bin aufgestanden und habe mich in aller Eile angezogen.
6. Er liebt dieses Mädchen seit langem im geheimen.
7. Die Gläser waren nur zur Hälfte gefüllt.
8. Er sagte das mit beißender Ironie.
9. Die Möwen schnappten die Brotstücke im Flug mit unglaublicher Geschicklichkeit.
10. Es goß in Strömen.
11. Erzählen Sie die Geschichte mit Ihren eigenen Worten.
12. Ich wünsche von ganzem Herzen, daß du glücklich wirst.

13. Ich habe aufs Gratewohl geantwortet, daß ich das Buch kenne.
14. Mein Beitrag ist bescheiden im Vergleich zu (neben, gemessen an) dem Ihren.
15. Die Sache wurde mit Stillschweigen übergangen.

326 *Beziehungen des Mittels und des Instruments (rapports de moyen et d'instrument). Setzen Sie die folgenden Präpositionen sinngemäß in die nachstehenden Sätze ein (manchmal gibt es mehrere Möglichkeiten):*
à – avec – à l'aide de – avec l'aide de – à défaut de – à force de – au lieu de – au moyen de – contre – de – en – grâce à – moyennant – par – par l'entremise de – par l'intermédiaire de – pour

1. Elle essuya ses larmes . . . . . son mouchoir.
2. Il remporta son premier succès littéraire . . . . . une pièce qui n'est plus guère jouée de nos jours.
3. Je l'ai reconnue . . . . . sa voix un peu rauque.
4. Les garçons sont dans le salon. Ils s'amusent . . . . . jouer . . . . . cartes.
5. Est-ce que tu sais bien taper . . . . . la machine?
6. J'ai transporté le blessé chez moi . . . . . un passant.
7. . . . . . quel instrument jouez-vous?
8. Je t'ai vu le pousser . . . . . pied.
9. A notre retour toute la maison était décorée . . . . . fleurs et . . . . . guirlandes.
10. Pendant trois ans elle l'a ainsi mené . . . . . le bout du nez.
11. Je le sais . . . . . le directeur lui-même.
12. Nous vous prions de nous répondre . . . . . retour du courrier.
13. L'envoi se fera . . . . . le premier train à destination de Bordeaux.
14. Y vas-tu . . . . . voiture, ... avion ou . . . . . le train?
15. J'ai obtenu une bourse d'études . . . . . mon ancien professeur de lycée.
16. . . . . . l'aimable intervention du consul, j'ai obtenu mon visa en moins de quinze jours.
17. . . . . . chercher il a enfin trouvé un appartement à son goût.
18. Les échanges de marchandises se font de nos jours presque exclusivement . . . . . la monnaie.
19. Ce contrat est résiliable . . . . . le versement d'un dédit de 5000 francs.
20. Il n'est pas raisonnable de vouloir accroître la consommation . . . . . dépenses publiques excessives ou encore . . . . . hausses de salaires.
21. Donnez-moi dix œufs . . . . . vingt francs.
22. Je vous laisserais cette armoire . . . . . mille francs.
23. A cette époque, maman a troqué toute notre porcelaine . . . . . de l'huile, des œufs et de la farine.

24. Si tu n'oses pas le faire, je le ferai . . . . . toi.

25. Je crois que tu as mis du sel dans la crème . . . . . sucre.

26. . . . . . mieux il dut se contenter des exemples qui lui étaient offerts.

27. . . . . . toute réponse elle m'a donné une bonne gifle.

28. Il ne mangea que . . . . . bout des dents.

327 *Übersetzen Sie:*

1. Zu dieser Gelegenheit werden wir ein Konzert unter Mitwirkung von Mademoiselle Blier veranstalten.

2. Mit dem Messer da wirst du das Brot nicht schneiden können.

3. Ich habe es mit eigenen Augen gesehen.

4. Schicken Sie uns die Waren bitte per Flugzeug.

5. Er war gezwungen, seine Bibliothek zu einem Spottpreis zu verkaufen.

6. Ich könnte dir das durch (an Hand mancher) manche Beispiele beweisen.

7. Der Himmel bedeckte sich mit dicken, schwarzen Wolken.

8. Er packte den Stier bei den Hörnern.

9. Marie und Peter konnten ihr Haus nur dank der großzügigen Hilfe ihrer Eltern bauen.

10. Ich habe die Einladung über meinen Chef erhalten.

11. Versprühen Sie die Flüssigkeit mittels des der Packung beigefügten Zerstäubers.

12. Ich glaube, ich habe 12 Frs für ein Menü bezahlt.

13. Prüfen Sie Ihre Ergebnisse an Hand dieser Listen!

328 *Kausale Beziehungen (rapports de cause). Setzen Sie folgende Präpositionen sinngemäß in die nachstehenden Sätze ein (manchmal gibt es mehrere Möglichkeiten):*
à cause de – à la suite de – de – en considération de – en raison de – étant donné – faute de – par – par suite de – pour – pour cause de – sous prétexte de – vu

1. Sur ce, les deux jeunes filles ont éclaté . . . . . rire.

2. Allons dîner, je meurs . . . . . faim, moi.

3. . . . . . quelle raison avez-vous dit cela?

4. . . . . . quoi l'accuse-t-on?

5. Je suis sûr que c'est . . . . . simple curiosité qu'elle est venue.

6. Il y a longtemps qu'elle souffre . . . . . l'estomac?

7. Ecoute! . . . . . les dix francs que cela a coûté, je ne serai pas ruiné.

8. Pour Noël, tu pourrais m'offrir ce collier que je ne peux pas acheter moi-même . . . . . argent.
9. C'est . . . . . cela que je suis venu un peu plus tôt.
10. La petite pleurait . . . . . peur.
11. Il aura hésité . . . . . peur des conséquences.
12. J'ai très mal dormi . . . . . bruit.
13. Le ministre avait démissionné . . . . . un désaccord avec le chef du gouvernement.
14. Les prix des pommes de terre ont augmenté . . . . . mauvaises récoltes.
15. . . . . . vos excellents services nous avons décidé de porter votre traitement à 1200 francs à partir du 1er octobre.
16. . . . . . les frais de transport considérables, nous nous voyons obligés de passer la commande à une entreprise locale.
17. Elle est entrée trois fois de suite dans ma chambre . . . . . chercher un livre.
18. Il a pris sa retraite avant le temps . . . . . santé.

329 *Übersetzen Sie:*

1. Er ist mit 23 Jahren an einer Lungenentzündung gestorben.
2. Die Jungen schrien vor Begeisterung.
3. Ich hatte aus Versehen deine alte Adresse daraufgeschrieben.
4. Er wurde wegen Diebstahls verurteilt.
5. Ich fürchte, daß ich wegen meiner schlechten Französischnote sitzenbleibe.
6. Er wurde auf Grund (in Anbetracht) seiner guten Führung vorzeitig entlassen.
7. Wir müssen Sie für die Schäden, die infolge der schlechten Verpackung aufgetreten sind, verantwortlich machen.
8. Auf Grund seiner starken Kurzsichtigkeit ist er vom Militärdienst befreit worden.
9. In Anbetracht der Dringlichkeit des Projekts müssen wir Sie um sofortige Zusendung der Unterlagen bitten.

330 *Andere Beziehungen (rapports de provenance, de différence, de séparation, de principe, de base, de modèle, de conformité). Setzen Sie folgende Präpositionen sinngemäß in die nachstehenden Sätze ein (manchmal gibt es mehrere Möglichkeiten):*
à – conformément à – de – d'après – par – selon – suivant – sur

1. Il descend . . . . . une famille huguenote.
2. Vous pourrez emprunter ce livre . . . . . la bibliothèque municipale.

3. Cette tendance ressort nettement ..... une enquête faite récemment ..... un institut d'opinion ..... la demande d'un grand journal allemand.

4. Vos résultats ne diffèrent pas beaucoup ..... nôtres.

5. Je vous crois ..... parole.

6. ..... mon plan, nous sommes maintenant sur la route B 37.

7. Nos élèves cherchent toujours à se modeler ..... telle ou telle star en vogue.

8. ..... qui tiens-tu cela?

9. Naturellement, ... les cas, nous sommes prêts à faire des exceptions.

10. ..... ce que le garçon a dit, il faut maintenant prendre à gauche.

11. Il n'agit pas toujours ..... ses principes.

12. Je crois bien que je le connais ..... vue – ..... nom – ..... réputation (mais: ..... ouï-dire).

13. Les examens se trouvent retardés ..... huit jours.

14. Je n'ai pas l'intention de vous détourner ..... votre devoir familial.

15. Les personnages principaux de la pièce sont empruntés ..... l'histoire.

331 *Übersetzen Sie:*

1. Er ließ sich die Sätze, die er allem Anschein nach nicht verstanden hatte, wiederholen.

2. Man muß sich nach den Gegebenheiten richten.

3. Nehmen Sie sich an Ihrem Bruder ein Beispiel!

4. Den letzten Informationen zufolge soll der Aufstand bereits niedergeschlagen sein.

5. Jeder soll nach seinen Mitteln geben.

6. Ich möchte mir gern einmal ein Kostüm nach Maß machen lassen.

7. Er ist von seiner schweren Krankheit genesen.

8. Er hat sich nach 20 Jahren Ehe von seiner Frau scheiden lassen.

9. Der Stich wurde nach einer Zeichnung von Le Poussin ausgeführt.

10. Wir müssen unsere Unterredung um zwei Tage verschieben.

11. Brot nach Belieben!

12. Diesem Vertrag zufolge senken die betroffenen Länder ihre Zölle.

13. Meiner Meinung nach sind nur die beiden ersten Lösungen annehmbar.

332 *Finale und konsekutive Beziehungen (rapports d'intérêt, de but, de résultat, de conséquence). Setzen Sie folgende Präpositionen sinngemäß in die nachstehenden Sätze ein (manchmal gibt es mehrere Möglichkeiten):*
à – afin de – à l'égard de – au profit de – contre – dans le dessein de – de façon (manière) à – en – en faveur de – en vue de – envers – pour

1. Il ne voulait pas lui montrer ce qu'il éprouvait . . . . . elle.
2. J'ai toujours éprouvé une certaine sympathie . . . . . ces gens.
3. . . . . . ma grande surprise, j'ai reçu le lendemain une invitation . . . . . ce bal.
4. Il poussa la bête du pied . . . . la faire partir.
5. De nouveaux efforts devront être tentés . . . . . une amélioration des relations entre les deux peuples.
6. Il a renoncé à sa part d'héritage . . . . sa sœur.
7. Le jeune prévenu avait montré une étonnante désinvolture . . . . . sa victime.
8. Sous le gouvernement socialiste certaines industries seront monopolisées . . . . . l'Etat.
9. Il avait toujours eu idée de se destiner . . . . . une carrière médicale.
10. Il cligna des yeux . . . . . signe de consentement.
11. Tout porte . . . . . croire que de nouvelles tentatives seront entreprises . . . . . mettre fin à cette crise.
12. N'avez-vous point de remède . . . . . la toux?
13. Il s'est prononcé . . . . . une meilleure coordination des recherches scientifiques.
14. On ne vous a pas attendu . . . . . le petit déjeuner.
15. La pauvre petite pleurait . . . . . vous en fendre le cœur.
16. Elle s'habillait toujours . . . . . attirer les regards sur elle.
17. Ce type m'ennuie . . . . . mourir.

333 *Übersetzen Sie:*

1. Hast du das Geschenk schon gesehen, das ich für Mama gekauft habe?
2. Ich habe ihn zum Abendbrot eingeladen.
3. Die Ferien gingen schon ihrem Ende zu.
4. Ich verstehe sein Benehmen seinen Eltern gegenüber nicht.
5. Die Kommission hat neue Vorschläge zur Verwirklichung dieser Pläne ausgearbeitet.
6. Er hat alles getan, um diese Katastrophe zu vermeiden.
7. Er wurde zu drei Monaten Gefängnis, 1000 Frs Geldstrafe und 500 Frs Schadenersatz gegenüber der Klägerpartei verurteilt.

8. Die Studenten hatten sofort gegen diese Maßnahme protestiert.
9. Sei besonders nett zu ihr!
10. Heute abend findet ein Ball zu Ehren der siegreichen Fußballmannschaft statt.
11. Er setzt immer seine Pläne sofort in die Praxis um.
12. Wie heißt doch diese Oper, wo die Frau in einen Baum verwandelt wird?
13. Sie setzte sich immer so, daß sie von jedermann gesehen werden mußte.
14. Er hat mir seinen »Shakespeare« zum Tausch angeboten.

Präpositionale Ausdrücke

334 *Die präpositionalen Ausdrücke: en dedans de – en dehors de – au-delà de – par delà – au-devant de – au haut de – du haut de – par-dessous – par-dessus – à côté de – en face de – auprès de – au-dessous de – in selteneren örtlichen Ausdrücken und in übertragener Bedeutung. Setzen Sie in die nachstehenden Sätze die fehlenden präpositionalen Ausdrücke ein und übersetzen Sie die Sätze:*

1. Le gouvernement a invité son représentant permanent . . . . . communautés européennes à regagner la capitale.
2. . . . . . la petite colline on avait une belle vue sur le château et le beau parc.
3. Quand il entra dans le jardin, je fis quelques pas . . . . . lui.
4. J'ai bien remarqué qu'il a toujours essayé de lire . . . . . mon épaule ce que j'avais écrit.
5. Nous ne louons pas de chambre . . . . . celle-ci.
6. Elle avait mis un joli tablier . . . . . sa robe.
7. Je regrette, mais cela irait . . . . . mes compétences.
8. Une étoile filante glissa . . . . . ma tête.
9. Mais la clé ne nous sert à rien, si elle a fermé le verrou . . . . . la porte.
10. Le jeune pianiste est déjà connu . . . . . nos frontières.
11. Sa renommée se répandra bientôt . . . . . nos frontières.
12. Qu'est-ce que la terre . . . . . l'univers!
13. Il avait essayé de se glisser . . . . . les barbelés.
14. Quand nous fûmes enfin arrivés . . . . . la montagne, la visibilité était très mauvaise.
15. . . . . . la mort imminente, ces paroles eurent pour nous une signification toute nouvelle.

16. Dans cette affaire il faut ..... tout que vous sachiez vous taire.
17. Ecoute! Ne me parle plus de ça, j'en ai ..... la tête.
18. Je trouve que le nouveau roman de notre ami n'est pas aussi bon que les précédents. – Tu es bien indulgent! Je trouve, pour ma part, qu'il est ..... tout!

335 *Präpositionen und präpositionale Ausdrücke zum Ausdruck der Bedingung (rapports de condition). Setzen Sie folgende Präpositionen sinngemäß in die nachstehenden Sätze ein:*
avec – à – en cas de – à moins de – à condition de

1. ..... vous entendre parler, on croirait que vous avez des millions à dépenser.
2. Tu y arriveras encore, ... travailler plus régulièrement.
3. ..... urgence, téléphonez à mon confrère, le docteur Fairien.
4. ..... un peu de courage et d'énergie, vous devriez parvenir à surmonter ces difficultés momentanées.
5. ..... vous déranger, je viendrai pour une heure ou deux.

336 *Präpositionen und präpositionale Ausdrücke zum Ausdruck von Konzession und Opposition (rapports de concession et d' opposition). Setzen Sie folgende Präpositionen sinngemäß in die nachstehenden Sätze ein:*
avec – au mépris de – contre – en dépit de – malgré – sans

1. ..... la meilleure volonté du monde je ne peux pas vous aider.
2. ..... vouloir vous faire la morale, je dois dire que vous vous êtes très mal comporté envers lui.
3. Je lui donnerais ..... tout de l'argent.
4. Il s'était baigné au-dessous de l'écluse ..... les plaques d'avertissement.
5. ..... certains passages discutables, la pièce est incontestablement réussie.
6. Il l'a quittée ..... l'amour qu'il éprouvait pour elle.
7. Il a épousé cette jeune fille ..... notre volonté.

337 *Präpositionale Ausdrücke, die leicht verwechselt werden. Setzen Sie die präpositionalen Ausdrücke jeweils sinngemäß in die Sätze ein:*

1. à raison de – en raison de
   a) Les jours diminuent maintenant ..... une minute par vingt-quatre heures.
   b) On lui a donné ce poste ..... ses excellents examens.

161

2. à la faveur de – en faveur de
   a) Pendant la campagne électorale il avait promis à maintes reprises de s'engager dans une action . . . . . petits et des moyens commerçants.
   b) Les voleurs se sont échappés . . . . . la nuit.
3. par suite de – à la suite de
   a) Il est mort à l'hôpital . . . . . ses blessures.
   b) Nous vous rendons responsables de tous les dégâts survenus . . . . . mauvais emballage.
4. au bas de – à bas de
   a) Il s'est tordu le pied en sautant . . . . . son lit.
   b) On l'a trouvé sans connaissance . . . . . l'escalier.
5. au défaut de – à défaut de
   a) . . . . . un contrat de location, le délai de préavis est de 6 mois.
   b) . . . . . ton bras, prête-moi ton épée (Racine).

Übersetzungsübungen zu einigen deutschen Präpositionen, die erfahrungsgemäß oft Schwierigkeiten bieten

338 a) an

1. Das ist am hellichten Tag geschehen!
2. Wir fuhren an einem schönen Sommertag los.
3. Diese Versuche wurden zuerst an Tieren gemacht.
4. Der Schlüssel steckt an der Tür.
5. Ich entdecke immer wieder neue Eigenschaften an ihr.
6. Am Himmel standen dicke schwarze Wolken.
7. Man erkennt sie schon von weitem an ihrem Gang.
8. Die Reparatur des alten Wagens würde an die 500 Frs kosten.
9. Der Fall an sich ist gar nicht so kompliziert, wie du denkst.
10. Ich habe an ihr eine ausgezeichnete Sekretärin.
11. Ich bin am Verzweifeln!

b) außer

1. Unser kleiner Patient ist jetzt außer Gefahr.
2. Er war außer sich vor Freude.
3. Er hat mich mit seinen ständigen Sticheleien außer mich gebracht.
4. Es ist außer Zweifel, daß Hans sein Examen schaffen wird.
5. Diese Maschine ist außer Betrieb.
6. Alle haben Schokolade bekommen, außer mir.

7. Ich habe alle Bücher dieses Autors gelesen, außer diesem Roman.
8. Außer Hans waren auch Fritz und Peter da.

c) bei
1. Ich habe leider kein Geld bei mir.
2. Bei meiner Ankunft in Paris mußte ich feststellen, daß ich mein Portemonnaie verloren hatte.
3. Er hat bei diesem Unfall das Augenlicht verloren.
4. Bei den hohen Summen, die wir jeden Monat für Werbungszwecke ausgeben, fällt dieser Betrag kaum ins Gewicht.
5. Bei seiner Begabung ist es wirklich schade, daß er nicht weiterstudieren kann.
6. Er geht noch bei jedem Wetter spazieren.
7. Bei klarem Wetter kann man von hier die Berge sehen.
8. Man hat mit diesem Mittel bei der Behandlung von Entzündungen schon erstaunliche Erfolge erzielt.
9. Bei ihr weiß man nie, wie man dran ist.
10. Bei ihrer letzten Zusammenkunft in Brüssel waren diese Differenzen schon klar zutage getreten.
11. Erst bei näherem Hinsehen sieht man alle Feinheiten.
12. Man findet diesen Brauch noch oft bei der ländlichen Bevölkerung.
13. Kann ich dir bei deiner Arbeit helfen?
14. Ich kann bei dieser Hitze nicht schlafen.
15. Ich kann nicht mehr bei künstlichem Licht lesen.
16. Bei Stimmengleichheit entscheidet das Los.
17. Ich kann es Ihnen beim besten Willen nicht versprechen.

DIE KONJUNKTION (LA CONJONCTION)

Wichtige und häufige Konjunktionen

339 *Übersetzen Sie:*

1. Ich bin traurig, weil sie nicht geschrieben hat.
2. Ihr Sohn ist intelligent, aber faul.
3. Da er krank ist, kann er nicht kommen.
4. Hans ist sehr faul; seine Schwester ist dagegen sehr fleißig.
5. Ich werde bleiben, wenn mich deine Frau einlädt.
6. Es schneite (Imperfekt), als wir in Paris ankamen (p. simple).
7. Wir sind mit Ihnen zufrieden, und deshalb erhöhen wir Ihr Gehalt.
8. Seitdem er krank ist, schreibt er nicht mehr.
9. Während wir im Kino waren, hat man uns den Wagen gestohlen.
10. Ich wollte ihn besuchen, er war aber nicht da.

Präposition statt Konjunktion

340 *Setzen Sie statt der Konjunktion die entsprechende Präposition (der Nebensatz wird zu einer Infinitiv-Konstruktion):*

1. Je vendrai mes actions pour que je ne sois pas ruiné par une baisse éventuelle.
2. Après qu'elle fut plusieurs fois tombée dans le piège, elle procéda avec plus de précaution.
3. Parlez de manière que vous soyez compris!
4. Vérifiez l'horaire des trains avant que vous partiez!
5. Elle est partie sans qu'elle ait dit au revoir.
6. Exprimez-vous plus clairement afin que vous ne soyez pas mal compris.
7. Il ne sort plus de peur qu'il soit découvert.
8. Après qu'il eut quitté la maison, il se mit à courir.
9. Restez ici pour que vous ne soyez pas écrasé par une voiture!
10. Avant que j'accepte, je dois m'informer de votre réputation.

Modus bei Konjunktionen

341 *Indikativ, Konjunktiv oder Konditional? Lösen Sie die Klammern:*

1. Vous avez appris un tas de choses depuis que vous (être) ici.
2. Je fis sa connaissance pendant que je (séjourner) à Munich.

164

3. Bien qu'il (être) malade, il travaille comme toujours.
4. J'achèterai la marchandise à moins que le prix ne (être) trop élevé.
5. Vous êtes trop intelligent pour que vous (tomber) dans le piège.
6. Nous le suivrons jusqu'à ce que nous ne le (voir) plus.
7. Je marcherai jusqu'au moment où la nuit (être) tombée.
8. Partez avant qu'il ne (être) trop tard!
9. Il est arrivé une heure après que Jean (être) parti.
10. Nous vous inviterons dès que nous (avoir) fait notre examen.
11. Jean est paresseux, tandis que sa sœur (être) très travailleuse.
12. Allumez la lumière afin que je vous (voir).
13. Il est parti sans que nous l'(avoir) remarqué.
14. Nous l'en informerons pourvu que nous le (rencontrer).
15. Quoiqu'elle (être) riche, elle n'est pas heureuse.
16. Au cas où il ne (venir) pas, je serai obligé de partir seul.
17. Au cas où monsieur le Ministre ne (être) pas en mesure de participer personnellement à la conférence, il sera remplacé par son adjoint.
18. Le gouvernement encouragera les importations de viande, suivant que les besoins (augmenter).
19. Ils sont arrivés sans qu'on nous en (avoir) informé.
20. Elles ne rentraient pas de peur que leurs parents les (blâmer).
21. Je vous rendrai visite, afin que nous (pouvoir) discuter de l'affaire.
22. Avant que le gouvernement ne (pouvoir) prendre cette mesure, il faut examiner les conséquences possibles.
23. En attendant que mon ami (venir) me prendre, j'écrirai une lettre à mon père.
24. En supposant que vous nous (offrir) des garanties suffisantes, nous vous accorderons le crédit demandé.

Gebrauch von »puisque«, »comme«, »parce que« und »car«

342 *Setzen Sie die richtige Form:*

1. . . . . . vous n'êtes pas venu à temps, j'ai vendu la maison à un autre client.
2. Je ne crois pas qu'il vienne, ... il est gravement malade.
3. Je resterai, ... vous y insistez.
4. Nous ne prendrons pas l'avion, ... c'est trop cher pour nous.
5. Pourquoi ne vas-tu pas au cinéma avec nous? — . . . . . je n'ai pas envie.
6. . . . . . je m'amusais bien au bal, j'y suis resté jusqu'au matin.
7. Je vous crois, ... vous devez le savoir.

8. . . . . . il neigeait, nous n'avons rien vu du tout.
9. Nous n'avons rien vu, ... il neigeait tellement.
10. Le projet sera bientôt réalisé, ... le président y est fort intéressé.

Konsekutive und temporale Konjunktionen

343 *Konsekutive Konjunktionen. Lösen Sie die Klammern auf:*

1. Parlez de façon qu'on (pouvoir) vous entendre!
2. Agissez de manière que personne ne (pouvoir) vous faire des reproches!
3. Je suis convaincu que Monsieur Jalot avait la ferme résolution d'agir de manière qu'on (pouvoir) reconnaître ses intentions.
4. La faillite d'un de nos correspondants nous a causé une perte considérable, de sorte que nous ne (être) pas à même de faire face à nos obligations.
5. Une tempête terrible régnait pendant trois jours, de telle façon qu'on ne (pouvoir) pas quitter la maison.
6. Il avait beaucoup neigé ces derniers jours, de manière que bon nombre de chalets (être) isolés.

344 *Temporale Konjunktionen. Lösen Sie die Klammern auf:*

1. Chaque année, quand elle (partir), elle était toute triste.
2. Lorsqu'on (sonner), j'ouvris doucement la porte.
3. Pendant que mon ami (regarder) les tableaux, je prenais un café.
4. Alors, il entra dans un bistro et commanda une bouteille de whisky. Plus tard, quand il (être) ivre, il commença à chanter.
5. C'était toujours la même chose: Quand il (être) ivre, il donnait des coups de bâton à ses enfants.
6. Après que Jean (reconnaître) que tout était perdu, il se suicida.
7. Quand je (venir) en France, je te rendrai visite.
8. Pendant que nous nous (promener), il commença à pleuvoir.

Schwierigere Fälle

345 *Übersetzen Sie:*

1. Bleiben Sie hier, damit ich Sie meiner Frau vorstellen kann!
2. Ich fühlte weder Hunger noch Durst.
3. Falls Sie mit unseren Bedingungen einverstanden sind, bitten wir Sie, es uns mitzuteilen.

4. Ich fühle mich wohl, seit ich Sport treibe.
5. Ich nehme Ihren Vorschlag an, unter der Bedingung, daß Sie den Transport der Waren organisieren.
6. Sie ist manchmal faul, manchmal fleißig.
7. Mein Vater, wie auch mein Bruder, sind gegen diesen Kauf.
8. Komm her, damit ich dich betrachten kann!
9. Er ist entweder gestorben oder ausgewandert.
10. Einerseits bin ich über meine Versetzung froh, andererseits habe ich mich so an die Gegend gewöhnt, daß ich sie ungern verlasse.
11. Kaum sah der Stier seinen Gegner, als er die Hörner senkte und losstürmte.
12. Ob er kommt oder nicht, wir fahren auf jeden Fall nach Paris.
13. Sie werden gerufen, sobald ich Sie brauche.
14. Gerade als ich das Geschirr spülte, läutete es.
15. Ich komme entweder am Montag oder am Dienstag.
16. Mein Sohn ist weder dumm noch faul.
17. Als wir sie kennenlernten, war sie noch ein kleines Mädchen.
18. Sowohl die Kinder als auch die Erwachsenen waren zufrieden.